미래를 위한 선택
동반성장

정운찬 지음

미래를 위한 선택
동반성장

21세기북스

나는 당신이 할 수 없는 일을 할 수 있고, 당신은 내가 할 수 없는 일을 할 수 있다.
따라서 우리는 함께 큰일을 할 수 있다.
― 마더 테레사

프롤로그

아름다운 동행의 첫걸음, 동반성장을 꿈꾸다

"동방성장위원회의 위원장이 되셨으니 동방성장, 아이고, 자꾸 동반성장을 동방성장이라 하네. 하하."

내가 국무총리에서 물러나 2010년 12월에 동반성장위원회 위원장으로 취임했을 때였다. 주변 사람들의 첫 반응은 뜻밖에도 '동반성장'이라는 단어를 발음하기가 어렵다는 것이었다. '동반성장'을 똑 부러지게 발음하기보다 자꾸만 '동방성장'으로 발음하니 듣는 나로서도 무안하기는 마찬가지였다.

이처럼 발음조차 생소했던 '동반성장'이 이제는 널리 알려진 단어가 되었다. 거의 모든 국민이 적어도 한 번쯤은 '동반성장'이란 말을 들어봤으리라. 그만큼 동반성장이 담고 있는 내용이 우리 사회의 화두로 떠오르고 있다. 그러나 보통 사람들의 생존과 관련된 동반성장을 이루려는 과정은 거친 정글을 헤쳐나가는 것만큼이나 어려웠다. 동반성장위원회 위원장을 1년 4개월 동안 맡았고 2012년 6월부터는 동반성장연구소 이사장을 하고 있다. 그동안 도와주는 사람보다 딴죽을 거는 사람들이 더 많았다. 동반성장을 하려면 재벌들의 생각이 바뀌어야 하는데 정작 나는 무소불위의 힘을 휘두르는 제왕적 재벌들을 상대하고 부딪쳐야 했다. 그때마다 단기필마의 신세였다.

　동방성장인지 동반성장인지조차도 헷갈리는 마당이니 재벌과 정부를 설득하는 과정은 순탄할 리가 없었다. 하지만 나는 기회만 되면 동반성장이 무슨 말인지를 널리 알리려고 애썼다. 이미 많은 국민은 왜 동반성장을 이뤄야 하는지를 뼈저리게 느끼고 있었다. 가정과 일터에서 행복보다 불안을 쌓아두고 있으니 우리 경제가 바뀌어야 한다는 요구가 날이 갈수록 거세지고 있었다. 그 덕분에 발음이 쉽지 않더라도 많은 국민이 동반성장이 왜 필요한지 곧바로 이해했다. 나는 많은 사람이 동반성장이 무슨 말인지를 알게 되었다는 것만으로도 보람을 느낀다. 그러나 아직 갈 길은 많이 남아 있다.

　동반성장은 우리 경제의 체질을 확 바꾸는 것이다. 체질을 바꾸려면 우선 생각부터 달라져야 한다. 사람도 비만 체질을 바꾸려면 비만이 왜 안 좋은지, 몸에 좋은 체질은 무엇인지 알아야 하고 또 왜 자신이 달라져야 하는지 생각할 수 있어야 한다. 그래야 실천으로 옮기지 않겠는가? 옆에서 아무리 수군대도 정작 본인이 무슨 말인지 알아듣지 못하면 아무런 소용이 없다. 그리고 생각을 바꾸려면 새로운 변화가 어떤 것인지를 먼저 알아야 한다.

동반성장은 문자 그대로 '더불어 같이 성장하자'는 뜻이다. 선두만 혼자 앞서 나가니 '같이 갑시다!'라고 외치는 소리이고, 더 나은 미래를 향해 '아름다운 동행'을 떠나는 첫걸음이다. 모두가 행복해질 수 있는 세상을 만들기 위한 출발이다. 그런데 재벌을 비롯한 일부는 이를 외면한다.

"경쟁 시대에 무슨 소리냐? 달리기에서 일등을 하려면 냅다 달려야지."

그러나 마라톤도 독주보다 어느 정도 거리를 두고 함께 달려야 결승점에 도달할 수 있다. 홀로 뛰어 결승점에 도달해도 축하해줄 이가 아무도 없다면 그 또한 불행이다. 진정으로 모두가 바라는 '살기 좋은 나라'를 만들려면 서로 손을 맞잡고 뛰어야 한다. 지금 우리 경제는 재벌의 독주가 도를 지나쳐 달리기를 망치고 있다.

지금과 같은 경제 구조를 바로잡지 않고 넘어간다면 우리 경제에 미래는 없다. 사회를 유지하기도 점점 어려워질지 모른다. 지금 우리 경제는 동반성장이 반드시 필요하다. 경제학자로서의 지식·직관으로 봤을 때 벌써 우리 경제는 적신호를 요란하게 깜빡이고 있다. 내가 아니더라도 이미 곳곳에서 동반성장이 되지 않는다면 이 사회의 미래는 암울하다고 경고하고 있다.

2012년 6월, 동반성장연구소를 설립하면서 가장 먼저 하고 싶었던 일이 동반성장을 사람들에게 알기 쉽게 알리는 것이었다. 그 일은 일목요연하게 정리된 책을 쓰자는 결심으로 이어졌다. 그동안 지면이 짧거나 시간이 제한되어 신문, 강연 또는 방송 인터뷰를 통해서는 큰 그림 일부만을 보여줘야 했던 한계를 극복하는 것이야말로 가장 큰 숙제였기 때문이다. 이 숙제를 해결해야 많은 사람과 동반성장하는 대한민국이라는 그림을 그릴 수 있다.

나는 동반성장이 무엇인지를 모두 공감케 하기 위해서 그동안 동반성장을 위해 발 벗고 뛰어다니며 담아두었던 얘기를 모두 털어놓고 싶었다. 그래서 이 책은 동반성장이란 무엇인지, 구체적으로 무엇을 어떻게 하겠다는 것인지, 동반성장이 왜 필요한지, 동반성장을 이루면 우리의 삶은 어떻게 달라지는지 등에 대해 설명했다. 최근 여기저기서 어지럽게 거론되고 있는 경제민주화와 동반성장이 어떻게 다른지도 간략하게 설명할 것이다.

중소기업에서 일하시는 분들, 소상공인분들, 자영업 하시는 분들 그리고 그 가족이라면 이 책의 내용에 누구보다 깊이 공감해주시리라 믿는다. 그분들 모두가 절박한 생존의 기로에서 희망보다 절망을 느끼고 있다. 또 경제문제 말고도 동반성장이 제시하는 이 사회의 행복에 대해서도 고개를 끄덕일 것이다. 그러나 나는 사실 이 책을 재벌 총수들이 읽어보았으면 한다. 대다수 우리 국민이 재벌에 대해 어떤 생각을 하는지를 배울 수 있을 것이기 때문이다. 그뿐만 아니다. 재벌이 진정 이 사회의 지도층이라면 그들의 곳간만 지킬 게 아니라 모두의 곳간을 지켜야 하는 의무를 다시 한 번 떠올렸으면 한다. 모두의 곳간이 풍요로워야 그들의 곳간도 계속 풍족해질 수 있다.

이 책은 평소 내 생각을 정리한 것이므로 집필에서 발간까지 별로 긴 시간이 걸리지 않으리라고 예상했다. 그러나 내용을 다듬는 시간을 내기가 생각보다 쉽지 않았고 발간도 예정보다 많이 늦어지게 되었다. 이 책을 기다려오신 많은 분께는 죄송스러운 마음이 든다.

어떤 분이 읽어주시든지 아무쪼록 독자 여러분이 동반성장을 이해하는 데 이 책이 조금이나마 도움이 되기 바란다. 점점 더 많은 분이 동반성장을 적극 응원해주시는 계기가 되었으면 한다. 그리고 이 책이 작은 불씨가 되어 동반성장과 관련해 더욱 좋은 아이디어와 지혜가 쏟아져나오기를 바란다.

"두 사람이 사과 한 개씩을 가지고 있다가 서로 교환하면 각자는 한 개의 사과를 가지고 있는 셈이다. 하지만 두 사람이 아이디어를 하나씩 가지고 있다가 서로 교환하면 그들은 아이디어를 각각 두 개씩 갖는 것이다."

조지 버나드 쇼가 한 말이다. 지금 우리에게 필요한 것은 이런 아이디어와 지혜를 나누는 것이다. 이 또한 동반성장이지 않은가.

2013년 1월
정운찬

차례

프롤로그 아름다운 동행의 첫걸음, 동반성장을 꿈꾸다 5

1장 혼자서 빨리 가던 시대는 끝났다

미래를 위한 선택 동반성장 16
중소기업 죽이는 '을사'조약 20
재벌 신화의 빛과 그림자 22

더불어 살기 위해 같이 성장하자 26
동반성장에 대한 오해와 이해 28 | 초과이익공유제란 34
이익공유제의 여러 가지 형태 39

초과이익 공유제가 공산주의적 발상이라고! 41
끝전까지 챙기려다 소탐대실하는 재벌들 45

애플과 도요타의 엇갈린 운명 48
이익공유제로 윈윈하는 애플 50
협력업체 원가 후려치기로 위기에 봉착한 도요타 54

땀 흘려 일한 만큼 대가를 받아야 한다 58
불공정한 수직 관계를 합리적인 수평 관계로 60
'경제민주화' 개념정리부터 하자 63

세상이 바뀌고 있다, 국민이 바뀌고 있다 66
과거의 패러다임, 그리고 달라진 세상 68
이러고도 자유경쟁경제인가? 71

2장 함께 가야 멀리 간다

2만 달러 시대에 더 불행해진 사람들 76
중산층이 무너진다 79
늪에 빠진 사람들 84

고속성장의 기적과 코리안 드림은 끝났다 89
해도 안 되는 시대가 왔다 94
퇴보하는 일본을 반면교사하라 100
동반성장은 성장동력 창출의 새로운 패러다임 104

이기적인 소나무 같은 재벌 대기업 107
우리 사회의 생태계는 과연 공정한가? 109

희망을 잃은 사람들 114
경제권력의 부당한 행사는 반발을 불러일으킨다 116
골목상권까지 침범한 대기업 121
함께 성장할 수 있다는 공감이 필요하다 123

잿빛 시대의 먹구름을 걷어라 126
불확실성의 시대다 128
함께 생각을 모으고 길을 찾아 잿빛 구름을 걷어라 141

1퍼센트만을 위한 사회는 옳지 않다 144
분노하는 사회 148
이성의 힘으로 99퍼센트를 움직여야 한다 151

3장 아름다운 동행이 모두 행복한 세상을 만든다

기본으로 돌아가라! 158
동반성장은 기본과 상식의 패러다임이다 161
시민들의 합리적 비판은 사회의 버팀목이다 164

동반성장은 우리에게 적합하고 유용하다 169
동반성장, 원래 우리의 미덕이다 171
동반성장은 지속가능한 성장의 필요조건이다 175
동반성장은 양극화 해소의 열쇠다 180

경주 최 부자가 바라보는 한국의 재벌 총수들 187
더불어 사는 것이 행복하게 부를 쌓는 비법이다 190
동반성장 문화와 시스템 정착에 앞장서야 한다 192

크고 작은 나무를 함께 키워야 숲을 만들 수 있다 196
동반성장은 자금흐름의 물꼬를 터준다 198
정부의 동반성장 의지와 노력이 필요하다 201

고속성장을 원한다면 우선 동반성장부터 205
기업생태계를 구축하는 동반성장은 투자 활성화의 열쇠다 208

동반성장은 행복의 열쇠다 213
동반성장은 좋은 일자리를 만든다 215
동반성장은 가계부채를 줄이고 성장잠재력을 높인다 218
동반성장은 생산적 복지다 221

동반성장은 새로운 자본주의의 핵심이다 226
동반성장은 지속가능한 사회공동체의 가치다 228

에필로그 동반성장, 삶의 철학 그리고 경제민주화 232

1장

혼자서 빨리 가던
시대는 끝났다

미래를 위한 선택 동반성장

요즘 정치권을 뜨겁게 달구고 있는 핫이슈는 단연 '경제민주화'다. 여야를 막론하고 경제민주화를 실현해야 한다며 목소리를 높이고 있다. 비단 정치권만의 일은 아니다. 서민들 역시 곳곳에서 경제민주화 실현을 열망하는 목소리가 높다. 열망은 그것에 대한 갈증에서 나온다. 경제민주화는 헌법 조항에도 나와 있는 정부의 당연한 책무임에도 이에 대한 실천이 만족스럽지 못하기에 국민은 정부를 향해 '너희 책무를 다하라!'고 소리치고 있는 것이다.

헌법 제119조 제2항에서는 '대기업에 쏠린 부의 편중 현상을 법으로 완화해야 한다'고 말하고 있다. 법 조항을 좀 더 자세히 들여다보면 '국가는 균형 있는 국민경제의 성장 및 안정과 적정한 소득의 분배를 유지하고, 시장의 지배와 경제력의 남용을 방지하며, 경제주체

간의 조화를 통한 경제의 민주화를 위하여 경제에 관한 규제와 조정을 할 수 있다'고 되어 있다. 즉 균형 있는 국민경제의 성장 및 안정, 적정한 소득분배, 시장지배와 경제력 남용 방지, 경제주체 간의 조화를 통해서 경제민주화가 실현될 수 있다. 이를 위해 국가가 나설 수 있음을 이야기한다. 그런데 경제민주화를 실현하기 위한 전제 조건 네 가지 중 그 어느 것 하나도 시원스레 실현되지 않은 상황이다 보니 정치권은 물론이고 국민 스스로 열망의 목소리를 높이고 있는 것이다.

나는 재벌의 힘이 극에 달했던 1990년부터 이미 경제민주화를 주장해왔다.* 그리고 재벌중심의 편중된 경제 구조가 심각한 부작용을 내포한다는 점을 잘 알고 있었다. 무소불위의 힘을 휘두르는 재벌들의 폐해는 실로 컸다. 특히 정부에서 일할 때 실제 그 폐해가 어떤 모습으로 나타나는지를 직접 보고 들으니 그저 지켜만 볼 수 없는 지경에 이르렀다고 판단했다.

먹고사는 문제는 인간의 가장 기본적인 욕구다. 그런데 그 욕구가 좌절된다는 것은 생존이 위협받는다는 뜻이다. 나는 그 절박함을 담은 사연을 직접 들을 수 있었다. 평소 잘 알고 지내던 한 중소기업인이 어느 날 나를 찾아와 하소연했다.

"이민이라도 가야겠습니다. 이대로는 도저히 버틸 수가 없어요."

---

* 1990년에 동료 경제학자들과 함께 『도전받는 한국경제』라는 책을 낸 적이 있다. 나는 이 책의 총론에 해당하는 「한국경제의 민주화를 위하여」를 썼다.

"아니, 사업도 잘되는 것 같던데 갑자기 이민이라뇨?"

"재벌 횡포가 갈수록 심해지니 어디 견딜 수가 있어야죠. 이러다가 회사 문 닫는 것은 시간문제입니다."

나는 이게 무슨 말인가 싶었다. 어려운 경제 상황에도 나름대로 건실하다는 평을 듣는 회사 대표가 이런 하소연을 한다는 것이 쉽게 믿기지 않았다. 어려울 것이라 대충 짐작을 했던 나로서는 무안할 뿐이었다.

그 중소기업인의 계속된 하소연은 개인만의 문제가 아니었다. 정말로 현실에서 그런 일이 일어나겠느냐는 의심이 들 정도로 중소기업에 대한 대기업의 횡포는 야비하고 용의주도했다. 납품단가를 후려치고 기술과 인력을 빼앗는 재벌 대기업의 해묵은 관행을 몰랐던 것은 아니다. 하지만 직접 피해 당사자의 생생한 얘기를 듣고 보니 엄청난 공분을 느끼게 되었다. 나는 즉시 총리실의 담당자에게 대기업과 중소기업의 생태계 현황을 조사하라는 지시를 내렸다. 그리고 그에 대한 상세한 보고를 받았다.

보고 내용을 살펴보니 예상대로 나를 찾아왔던 그 중소기업인만의 문제가 아니었다. 그것은 우리나라 기업생태계에 만연해 있는 관행이었다. 그런 관행이 옳지 않다는 것은 누구나 알고 있다. 하지만 수십 년 동안 전혀 고쳐지지 않고 고질적인 병폐가 되어 사회를 더 황폐화하는 게 문제였다. 나를 더욱 우려하게 한 것은 그런 고질적인 관행이 수그러들기는커녕 점점 더 심해지고 있다는 사실이었다.

나는 이 문제를 외면할 수 없었다. 그래서 이 문제를 해결해야겠다는 사명감에 대통령을 찾아갔다. 나는 대통령에게 대기업의 횡포를 막고 경제민주화를 하지 않으면 경제가 어려워지고 사회의 결속을 유지하기도 어려워질지 모르니 특단의 조치가 필요하다고 직언을 드렸다.

그 누구도 쉽게 건드리지 못하던 재벌의 관행을 뜯어고치려는 것은 비단 억울한 일을 당한 중소기업인들만을 위해서가 아니었다. 재벌 중심의 경제력 집중이 도를 넘다 보니 우리 경제 전체가 역동성을 상실하는 상황에 이르렀다. 이 때문에 우리나라의 장래가 어두워지고 있었다. 단지 재벌과 중소기업 간의 문제가 아니라 우리나라의 미래가 걸린 중대한 해결 과제로 떠오른 것이다. 우리 경제가 왕년의 역동성을 잃어버리고 기껏해야 3~4퍼센트의 성장밖에 하지 못하는, 제대로 피어보지도 못하고 겉늙어버리는 근본 원인도 알고 보면 경제력이 재벌 대기업에 집중하는 데 있었다.

현시점에서 이 문제를 서둘러 해결하지 못한다면, 대한민국이라는 함선은 미지의 신세계에 도착하기도 전에 침몰해버릴 수 있다. 즉 현재 우리 경제는 역동성을 회복하여 활발한 성장을 재개하느냐 아니면 서서히 국제무대의 뒤편으로 사라져버리느냐 하는 분기점에 서 있다.

중소기업 죽이는 '을사'조약

1905년에 일본과 맺은 '을사조약乙巳條約'은 우리 역사에서 참을 수 없는 굴욕이었다. 그런데 한 세기도 훨씬 지난 요즘에 다시 을사조약이 사람들의 입에 오르내린다고 한다. 그 조약은 다름 아닌 중소기업과 대기업 간의 거래다. 계약할 때 대기업은 '갑甲'이고 중소기업은 '을乙'이다. 이 '갑을甲乙' 관계에서 언제나 죽어나는 것은 '을乙'인 중소기업이라는 것이다. 그래서 '을사乙死'조약이라고 한다는 것이다.

사실 이 나라에서 살기 어려우니 이민이라도 가야겠다는 것은 그나마 온건한 선택이라 할 수 있다. 중소기업인 중엔 '자살'이라는 극단적인 선택을 하는 이들도 적지 않다. 몇 년 전, 대기업이 운영하던 대형할인점과 납품 상담을 벌이던 한 중소기업 사장이 분신자살한 사건이 있었다. 고인은 비록 중소기업이지만 홈쇼핑에서 제품을 팔아 많은 이익을 냈고 일본에도 수출할 정도로 건실하게 기업을 운영하고 있었다. 하지만 대형할인점과 거래를 하게 되면서 20억 원이 넘는 막대한 손해를 보게 되었다. 결국 그 억울함을 참지 못해 스스로 목숨을 끊은 것이다.

대형할인점과 거래하는 동안 고인은 억대의 기계 도입 강요, 판촉사원 고용 강요, '모든 손실은 자신이 진다'는 불공정 거래 각서 작성, 심지어 일방적 거래 중단까지 감수해야 했다고 한다. 이후 새로운 아이템을 개발하여 거래를 재개하려 했다. 하지만 그 과정에서 해당 대기업이 '용기 디자인을 바꿔라, 생산 공장을 옮겨라' 하면서 시간을 끌었다. 결국 모방제품이 나오게 되자 일방적으로 거래불가 통보를 해온 것이다.

이런 피도 눈물도 없는 대기업의 횡포에 너무 억울해서 차마 죽을 수조차 없다는 사람도 있다. 10년간이나 대기업에 납품해오던 한 협력업체 사장은 난데없는 퇴출 통고에 분노하지 않을 수 없었다. 겉으로야 기술력 등을 거론했지만 진짜 이유는 다른 협력업체에 일감을 몰아주기 위한 것이었다. 작지만 협력업체로선 제법 기술력을 갖춘 중소기업으로 10년간이나 대기업에 제품을 납품했지만 결국 돌아오는 것은 '토사구팽'이었다. 게다가 그 과정에서 해당 대기업은 온갖 모욕과 험담, 제 사람 심기, 기술력을 가진 직원들 빼가기 등의 전근대적인 작태로 일관했다. 참을 수 없는 분노와 좌절감에 자살까지 생각했지만 너무 억울해서 죽을 수조차 없었다던 한 중소기업인의 절규에 왜 그들이 대기업과의 거래를 '을사'조약이라 자조하는지 충분히 알 만했다.

이러한 현실을 직시하게 된 이상 모른 척할 수는 없었다. 대기업과 중소기업이 지금 같은 '을사'조약 관계에서 벗어나 서로 대등한 입장에서 거래하는 시스템으로 경제 구조를 바꾸어 놓는 것이 나의 새로운 목표가 되었다.

현재 우리나라뿐 아니라 전 세계적으로도 '대·중소기업 간 역할 관계를 재정립해야 한다'는 목소리가 커지고 있다. 미국의 민관합동 조직인 국가경쟁력위원회 Council on Competitiveness가 최근 발간한 『국가혁신보고서 National Innovation Report』에서도 21세기 국가혁신을 검토하기 위해 주목해야 할 7개 키워드 중 하나로 '대기업과 중소기업 관계의 변화'를 지목했다. 그런데 이것이 유독 우리 국민에게 더 절박하게 와 닿는 것은 우리 기업의 99퍼센트가 중소기업이며 고용의 88퍼센트도 중소기업이 창출하고 있다는 사실 때문이다. 열의 여덟, 아홉이 삶의 터전으로 삼고 있는 곳이 중소기업이다. 이 중소기업이 갈수록 어려움을 겪으니 대다수 국민의 삶이 평온할 리가 없다.

대다수 국민이 죽어라 일해도 마이너스 인생의 늪에서 헤어나올 수 없는 것은 노력이 부족해서가 아니다. 열망이 모자라서도 아니다. 우리 산업구조의 오래된 모순과 시장의 무한경쟁이 빚은 결과물이다. 그럼에도 이 사회는 어려움에 부딪힌 국민에게 노력과 인내만을 요구한다. 오죽하면 국민이 이 나라를 떠날 생각을 하고 귀한 생명을 포기하는 일까지 벌어질까 진지하게 고민하는 대신 당장 면피하기 위한 핑계만을 찾고 있는 것이다.

재벌 신화의 빛과 그림자

과거에는 먹고사는 것이 필생의 과제였다. 한 집의 모든 자식을 골고루 교육하기가 생각만큼 쉬운 일이 아니었다. 그러니 똑똑한 큰아들 밀어주기식의 집중투자가 집안을 살리는 최선책이라 여겨졌다. 부모는 물론 동생들까지 줄줄이 큰아들을 위해 희생과 양보를 해야만 했다. 학비와 생활비는 물론이고 좋은 옷과 반찬은 당연한 듯 큰아들의 몫이 되었다.

그렇게 가족들의 땀과 눈물로 학업을 마친 큰아들 중 일부는 이후 남부럽지 않은 모습으로 성공 가도를 달리지만 '목표지점에 도달하려면 아직 멀었다'며 가족의 희생을 모르쇠로 일관한다. 큰아들을 위한 가족의 희생은 애초에 저 혼자만 잘나가라는 것이 아니었다. 모두가 힘을 합쳐 밀어줄 테니 집안을 살리라는 것이었다. 하지만 집안을 살리기는커녕 자신을 위한 가족들의 오랜 희생까지도 나 몰라라 하며 저 혼자 잘 먹고 잘사는 것에서 큰 만족을 누리고 있다.

드라마에나 나올 것 같은 이 배은망덕한 큰아들의 모습이 우리나라 대기업들과 많이 닮았다고 한다면 지나친 비약일까? 우리나라 재벌 대기업들은 과거 정부의 전폭적인 지원에 힘입어 성장했다. 가난한 후진국에서 벗어나기 위해 정부는 일부 기업들에 일감을 몰아주고 특혜를 제공했다. 외국에서 빌린 차관, 대규모 공공사업 발주, 업종별 대표기업 선정 등은 단기간에 산업 기반을 갖추고 경제성장을 이루기 위한 정책이었다.

지금 우리나라에서 재벌이라 부르는 대기업들은 대부분 이때 특혜를 받았다. 지난 IMF 외환위기 때는 어땠는가? 그동안 가려진 재벌들의 부실한 체질이 만천하에 드러났다. 시장의 논리대로 적용한다면, 많은 기업이 퇴출당해야 했다. 하지만 그때도 국민의 세금으로 재벌들을 살려냈다. 재벌의 아래도급업체였던 중소기업들은 줄줄이 도산하고 수많은 사람이 길거리에 나앉는 비극을 겪으면서까지 말이다.

재벌 신화는 드라마처럼 주인공 한 사람의 탁월한 능력만으로 만들어진 것이 아니다. 그리고 성장을 우선한다는 이유로 기업을 총수나 그 가족들이 지배하는 구조도 용인해줬다. 그 결과는 어땠는가? 이제 재벌은 거대한 공룡이 되어 이 땅에 군림하고 있다. 이렇게 재벌이 공룡의 덩치를 갖추는 동안 국민과 중소기업은 뒷바라지하느라 허리가 휘었다. 이른바 '낙수 효과'라 해서 부유층이나 재벌이 잘돼야 모두가 잘산다는 논리는 지금도 무슨 주술인 양 이 사회에 떠돌고 있다.

전쟁 이후 폐허가 된 나라를 살리기 위한 어쩔 수 없는 선택이었다지만 대기업을 향한 막대한 지원이 결국엔 국민의 희생에서 나온 것은 분명한 사실이다. 그런 만큼 이제는 그 국민을 돌봐야 할 때다. 그런데 지금 대기업은 그 희생과 은혜에 감사하기는커녕 저 혼자 잘나서 성장했다는 안하무인에 빠져 협력중소기업을 압박하고 무차별적인 시장 진입을 추진하여 성장하고 있다. 중소기업에 대한 납품단가 인하 압박 사례가 여전히 신문지면을 채우고 동네 구멍가게를 몰아내는 대기업 유통망이 버젓이 가동되고 있다. 그 결과 대기업은 최근 사상 최대의 이익을 남겼다. 2011년 12월 결산 상장법인은 55조 9,000억 원의 순이익을 냈다. 2009년에 비해 73퍼센트나 늘어난 사상 초유의 실적이다.

물론 대기업은 사상 최대의 실적을 올리기까지 갖은 노력을 펼쳤을 것이다. 그 노고에 박수와 격려를 보내지 않을 수 없다. 하지만 그 이면에 중소기업인의 아픔이 배어 있다면 바로잡아야 할 문제다. 대기업이 자본금의 수십 배가 넘는 이익잉여금을 곳간에 쌓아놓는 동안 중소기업은 이자를 갚고 임금을 주고 나면 남는 것이 없다고 호소하고 있기 때문이다. 그리고 이러한 어려움은 그들의 노력이 부족해서가 아니라 협력업체 납품단가 후려치기나 기술 빼돌리기 등과 같은 대기업의 만행과 그것을 눈감아주는 제도적 허점에 있다고 해도 지나친 말이 아니다.

중소기업의 형편이 어렵다 보니 근로자의 임금도 제자리걸음이고 물가상승 때문에 국민의 살림살이는 훨씬 더 고단해지고 팍팍해졌다. 가계부채, 특히 주택담보부채가 시한폭탄에 비유될 정도로 위험한 수준에 이르렀다. 우리 국민 모두의 노력으로 외환위기와 글로벌 금융위기를 극복했지만, 그 과실은 소수 대기업에만 편중되어 사회 양극화가 더 심해졌다는 것이 일반적 공론이다. 그럼에도 대기업이 전통적으로 소상공인, 중소기업 분야이던 소모성자재구매대행업MRO, 기업형슈퍼마켓SSM, 금형산업 분야에까지 진출하는 사례가 최근 빈발하고 있다. 심지어 동네 골목까지 진출해 빵집과 구멍가게를 위협하니 닥치는 대로 먹어치우는 불가사리가 따로 없다. 게다가 이러한 경향은 쉽게 완화될 기미조차 보이지 않는다. 자유경쟁시장의 논리를 앞세워 너도나도 뒷짐 지고 바라만 보다가는 중소기업이 백년하청百年下請 신세를 면하는 것은 정말 백년하청百年河淸인 일이 되고 만다.

더불어 살기 위해 같이 성장하자

　　2010년 6월 29일 국회는 정부가 내놓은 세종시 수정안을 부결시켰다. 나는 표결결과에 도의적인 책임을 질 수밖에 없는 입장이 되었다.

　　이제 국무총리실이 세종시로 이전함으로써 행정부가 서울과 세종시로 절반씩 나뉘는 전대미문의 엄청난 실험이 시작되었다. 행정부가 둘로 쪼개지는 것의 부작용을 알면서도 정치권은 세종시 문제를 원안대로 결정했다. 그렇지만 지금도 나는 행정부가 둘로 나뉘어서는 안 된다는 내 판단이 옳다고 생각한다.

　　천안함 폭침이나 연평도 피폭사태 같은 국가적인 비상사태가 닥쳤을 때 행정부가 서너 시간 거리에 둘로 갈라져 있다면 과연 이 나라가 신속한 대처를 제대로 할 수 있겠나? 선거에서 표를 더 얻기 위해 행정부를 둘로 쪼개겠다는 것은 국가의 이익보다 정치인 개인의 이익을 앞세우려는 잘못된 발상이라는 확신에는 지금도 한 치의 변함이 없다.

국가의 장래를 위해 옳지 않은 일을 바로잡으려 했다는 이유로 책임을 지라고 한다면, 그리고 책임을 진다는 의미가 총리에서 물러나는 것이라면, 나는 총리직 사임에 아무 거리낌도 미련도 없었다.

다만 한 가지, 대기업과 중소기업 간의 동반성장을 문제 제기만 해놓고 본격적으로 진행하지 못한 데 대한 아쉬움은 진하게 남았다. 그러나 대기업과 중소기업 간의 동반성장, 즉 우리나라 기업생태계를 바꾸는 일은 워낙 방대하다. 어쩌면 오랜 세월이 필요한 사안이기 때문에 10개월 남짓한 재임 기간 안에 완성하기란 처음부터 불가능한 일이 아니었겠느냐면서 스스로 마음을 달랠 수밖에 없었다.

총리직을 사임하고 몇 달이 지나 연말이 다가오고 있을 무렵이었다. 정부가 동반성장위원회를 만들 계획인데 맡아주었으면 좋겠다는 요청이 왔다. 나는 흔쾌히 받아들였다. 물론 마음 한구석에 일말의 걱정이 없었던 것은 아니다. 지난 수십 년 동안 풀지 못했던 고질적 문제인데 과연 단시일 내에 구체적 성과를 낼 수 있을지에 대한 고민이었다. 그러나 사안의 중요성을 생각할 때 누군가 나서서 해야 할 일이었다. 또 완전한 성과까지는 아니더라도 적어도 궤도를 바꾸어 놓는 밑거름 역할까지는 해야 한다는 강한 사명감과 의욕이 생겼다.

나는 총리를 그만두면서 국민 여러분에게 '낮은 곳을 비추는 등불의 역할을 계속하겠다'고 말씀드렸다. 그 약속을 지키기 위해서라도 가능한 한 많은 사람과 대화하고 많은 곳을 찾아가 우리나라가 나아가야 할 방향이 무엇이고 우리 경제가 업그레이드되는 방안이 무엇인지 찾고 싶었다. 그리고 우리나라가 무엇을 준비해야 하는지 끊임없이 모색하고 연구해보고 싶었다. 동반성장위원회 위원장은 바로 이런 일을 할 수 있는 적절한 자리라고 생각되었기에 흔쾌히 수락한 것이다.

동반성장에 대한 오해와 이해

모두가 함께 잘살자는 의미의 동반성장은 이미 오래전부터 우리 사회의 공통된 바람이자 요구였다. 언제부턴가 나의 상징처럼 되어버린 '동반성장'이라는 용어도 사실 알고 보면 노무현 정부의 '상생협력'과 이명박 정부의 '공생발전'과 그 취지가 크게 다르지 않다. 사람들이 "이름이 왜 이렇게 자주 바뀌느냐"라고 투덜대는 것도 이미 그것들이 같은 의미임을 알고 있기 때문이다. 중요한 것은 거기에 담긴 의미를 정확하게 아는 데 있다.

동반성장이라고 하면 흔히들 '부자들의 것을 빼앗아 가난한 사람들에게 나눠주자'는 것으로 오해하곤 한다. 그래서 부자들은 "왜 내 것을 다른 사람에게 나눠주라고 하냐!" 반발하고 가난한 사람들은 "우리가 거지냐! 그냥 내가 일한 만큼만 정당하게 달라!"라고 화를 낸다. 하지만 그것은 동반성장의 의미를 제대로 이해하지 못한 데서 온 '오해'다. 동반성장은 '더불어 같이 성장하자'는 뜻이다. 즉 '더불어' 살기 위해 네 것을 좀 줄여서 나한테 달라는 것이 아니라 '같이 성장하자'는 것이다. 일정하게 정해진 파이를 두고 한쪽이 더 가짐으로써 다른 한쪽이 덜 가지게 되는 것이 아니다. 파이를 더 크게 하고 분배도 공정하게 함으로써 모두가 함께 더 가질 수 있게 하자는 것이다. 성장을 해치지 않으면서 분배도 공정하게 해서 모두가 함께 더불어 잘살자는 것이 동반성장이다.

나는 동반성장위원회 위원장에 취임한 후 대통령을 찾아가 동반성장에 대해 다시 한 번 설명했다. 다행히도 대통령은 동반성장 정착의 필요성에 대해 충분히 인식하고 있었다. 나와 상당한 공감대를 갖고 있었다. 그러나 문제는 다른 곳에 있었다. 대통령의 뜻을 실현하는 것이 첫째 임무여야 할 청와대 핵심 관료들은 동반성장에 대해 처음부터 부정적인 태도를 보였다. 그들 중 일부는 재벌의 크고 작은 도움으로 그 자리에 오를 수 있었기에 굳이 재벌에게 밉보일 일은 하고 싶지 않았던 것이다. 게다가 우리나라에서 재벌의 힘이 얼마나 막강한지를 잘 알기에 일부에서는 동반성장은 아예 실현 불가능한 일이라는 생각까지 하고 있었다. 동반성장의 취지는 충분히 공감하지만 재벌의 거센 반발이 예상되니 아예 관여하고 싶지 않았던 것이다.

그뿐만 아니라 인력과 예산 측면에서 실질적 도움의 열쇠를 쥐고 있는 지식경제부는 동반성장을 공개적으로 비난하기를 서슴지 않았다. 사정이 이렇다보니 동반성장위원회는 인력도 예산도 턱없이 모자랐고 위원회의 활동은 사사건건 발목이 잡혀 한걸음도 앞으로 나아가기 어려웠다.

큰 뜻을 품고 나선 길이니만큼 첫걸음이 쉽지 않다고 해서 멈출 수는 없었다. 동반성장의 의미를 널리 알리기 위해서는 동반성장 문화의 조성과 공감대 확산이 동반성장위원회의 가장 큰 과제였다. 그래서 나는 예산과 인력이 허락하는 선에서 온 힘을 다했다.

내가 동반성장위원회 위원장직을 맡은 후 사람들에게 전한 동반성장의 가치는 크게 세 가지다. 첫 번째는 동반성장을 통한 위기관리다. 현재 우리나라는 빈부 격차를 비롯해 여러 측면에서 양극화가 극에 달했다고 해도 지나친 말이 아니다. 이것을 치유하지 않으면 한국 사회 전체가 붕괴될 위험까지 내포하고 있다. 이 위험은 북한으로부터의 군사적 위협에 못지않은 위기를 가져올 수 있다.

두 번째는 성장이다. 단순히 양극화를 없애는 것에서 끝나서는 안 된다. 우리나라가 국제사회에서 살아남기 위해서는 지속적인 성장이 필수다. 한국경제는 밝은 면도 있고 어두운 면도 있다. 그런데 밝은 면을 더 밝게 하고 어두운 면을 덜 어둡게 하려면 성장해야 한다. 한국은 세계 역사상 일곱 나라밖에 없다는 50-20클럽* 에 포함될 정도로 대단한 저력을 지닌 나라다. 이러한 저력을 지속해서 펼쳐가기 위해서는 성장이 멈추지 않아야 한다. 성장하기 위해서는 중기적으로는 연구개발Research and Development, R&D의 방향을 전환하고 장기적으로는 교육의 변화를 통한 창의성 향상으로 첨단핵심기술 개발능력을

---

* 50-20클럽은 인구 5,000만 명 이상, 1인당 국민소득 2만 달러 이상의 기준을 동시에 충족한 나라를 뜻한다.

갖추는 것이 중요하다. 하지만 모두 상당한 시간이 있어야 하기에 당장 발등의 불을 끌 수 있는 단기적 전략을 함께 실행해야 한다. 그것이 바로 대기업과 중소기업의 동반성장이다.

지금 대기업은 돈은 있되 적당한 투자처를 찾지 못해 투자가 주춤한 상태다. 반면 중소기업은 투자 대상은 있지만 돈이 없어 투자하지 못하는 실정이다. 이런 불균형을 단기간에 없애고 중소기업의 경쟁력을 키워 한국경제의 성장을 이끌 수 있는 것이 바로 동반성장이다.

세 번째로 동반성장은 우리의 정서와 맞는다. 제아무리 옳고 좋은 것이라도 우리의 정서와 맞지 않으면 거부감부터 들게 마련이다. 하지만 다행스럽게도 동반성장은 더불어 살기를 바라던 우리 사회의 오랜 정서와도 잘 맞는다. 우리 조상은 오래전부터 향약과 두레 등을 통해 이웃의 어려움을 함께 나누고 함께 성장해왔다. 과거 부자 중엔 경주 최부잣집처럼 자신의 부를 자신만의 것으로 여기지 않고 이웃과 나누던 존경받는 부자도 적지 않았다. 극심한 가뭄이 들었을 때는 곳간을 활짝 열어 이웃의 고통을 함께 나누었다. 그렇게 퍼줬는데도 최 부자 가문이 망하기는커녕 400년을 존경받으며 지탱해왔다.

동반성장은 우리나라를 넘어 전 세계 인류의 정서와도 잘 맞는다. 워런 버핏, 빌 게이츠와 같이 나눔을 실천하며 모범적인 삶을 사는 세계적인 갑부들도 있고, 심지어 나눌 것이 별로 없어 보이는 아프리카에서조차 '빨리 가려면 혼자 가고 멀리 가려면 함께 가라'는 속담이 전해질 만큼 모두가 함께 성장하는 삶을 중요하게 생각했다.

동반성장위원회의 임무는 이러한 동반성장의 가치를 널리 알리며 동반성장 문화를 조성하고 확산하는 것이었다. 그러나 우리는 동반성장을 현실에서 실행하는 실질적인 방안들에 대해서도 궁리했다. 그 결과 중소기업과 대기업의 동반성장 방안으로 다음 세 가지를 내놓았다.

첫째, '협력이익배분제'다. 대기업이 거두고 있는 초과이익의 일정 부분을 협력중소기업의 성장기반을 강화하는 데 활용하자는 것이다. 애초에 이 명칭은 '초과이익공유제'라고 했는데 우여곡절을 겪으며 협력이익배분제로 그 명칭이 바뀌었다.

둘째, '중소기업 적합업종 선정'이다. 1979년 도입되어 2006년 없어진 '중소기업 고유업종제도'와 유사한 것으로 중소기업의 사업 영역을 보호하기 위해 대기업들의 신규 참여 확대를 금지하는 업종을 선정함으로써 중소기업의 자생력과 경쟁력을 키워주자는 의도다. 예컨대 A라는 업종을 중소기업 적합업종으로 선정함으로써 대기업이 아닌 중소기업이 돈을 벌게 되면 그 돈으로 중소기업은 제품 개발이나 품질 향상을 위해 더욱 노력할 수 있게 되는 것이다. 실제로 중소기업 적합업종에 관해서 시뮬레이션해보니 머지않아 10조 원에 가까운 큰돈이 중소기업의 매출로 확보될 수 있을 것으로 기대된다.

셋째, '정부 발주의 중소기업 중심화'다. 일반적으로 정부가 조달청을 통해서 물자를 발주할 때 대기업에 발주하면 대기업이 다시 중소기업에 아래도급을 주는 시스템으로 정부발주가 이루어진다. 하지만 이 과정에서 대기업이 하는 일은 아무것도 없다. 그냥 중간에서 중간이윤만 챙기는 것이다. 따라서 정부가 몇 퍼센트 이상, 예컨대

80퍼센트 이상을 중소기업에 직접 발주하도록 하자는 것이다. 그렇게 되면 중소기업이 현재 겪고 있는 '투자 대상은 있지만 돈이 없는 상황'이 많이 개선될 수 있다.

아무리 좋은 아이디어나 계획도 실천이 따르지 않으면 영화 속 파라다이스에 불과하다. 현실을 개선하고 변화시키기 위해서는 크고 거창한 계획보다 더 중요한 것이 작은 실천이다. 단테가 '하나의 작은 불씨가 큰 불꽃을 만든다'고 말한 것처럼 미래의 커다란 행복을 위해 지금 우리는 작은 불씨를 꺼뜨리지 않고 불꽃을 키워나가야 한다. 그리고 그 실천을 확장해나가고 이어갈 수 있는 시스템을 정착시키는 것이 필요하다.

동반성장위원회는 진정한 변화의 물꼬를 터보자는 차원에서 앞서 말한 세 가지 대표적인 실천 방안을 제안했다. 그리고 이러한 좋은 방안들이 현실에서 더 많이 실천되게 하려고 대기업의 동반성장 노력을 측정하는 수단, 즉 동반성장지수를 만들어 평가를 해보자고 나섰다. 이러한 대기업의 동반성장 노력을 측정하여 평가함으로써 적어도 소비자들에게 어떤 기업이 좋은 기업인지 나쁜 기업인지를 알리는 수단은 될 수 있을 것이다. 그다음은 소비자, 아니 국민의 힘을 보여주면 된다. 함께 더불어 나아가지 않고 자신의 잇속만 챙기는 기업은 설 자리가 없음을 온 국민이 보여주면 되는 것이다.

초과이익공유제란

동반성장위원회의 첫 작품인 '초과이익공유제'가 세상에 알려졌다. 그러자 마치 기다렸다는 듯 곳곳에서 거세게 반발했다. 재계, 정계, 학계, 관계 할 것 없이 반대의 목소리를 높였다. 숲을 보지 않고 나무만 보는 근시안에서 나오는 비난이었다. 국가의 미래, 중소기업의 생존, 국민의 삶이 흔들리는 줄 알면서도 그 대안에 대해 진지하게 고민하기는커녕 꼬투리나 잡고 있었다. 문자 그대로 사면초가였다. 그러나 반대 소동보다 초과이익공유제의 실제 내용은 별로 복잡하지 않았다. 재벌들이 져야 할 부담의 크기도 천문학적 이익규모에 비해 정말로 얼마 되지 않는 작은 것이었다.

초과이익공유제는 쉽게 말해 초과이익을 내는 대기업들이 임직원들을 대상으로 벌이고 있는 '이익공유Profit Sharing' 제도를 협력업체인 중소기업에도 확대 적용해서 실시해보자는 것이다. 어떤 기업의 경우, 2011년에 1조 원 이상의 성과급을 이익공유 차원에서 임직원에게 지급했다고 한다. 그런데 이러한 성과가 오로지 그 기업만의 노력이 아니라 협력업체의 도움을 받은 것이라면, 일정한 비율만큼은 협력기업의 성장기반을 위해 활용할 수 있으리라는 생각이 들었다. 만약 그렇게 된다면 협력기업이 강한 동기부여를 받을 것이다. 성과급이란 게 단지 잘해서 나눠준다는 것으로 그치지 않고 앞으로도 잘하라는 동기부여 차원의 보너스이지 않은가. 그 동기부여가 협력기업이 이전보다 더 나은 성과를 창출하는 데 온 힘을 다하도록 할 것이라는 것쯤은 경영의 기본 상식이다. 이처럼 협력기업에 성과를 나눠주는 것은 윈윈 효과를 기대할 수 있다. 그러니 애초 목표보다 장사가 잘되었다면 독차지하려 하지 말고 알아서 도움을 준 사람들에게도 좀 나눠주라는 것이다.

물론 대기업과 협력중소기업의 동반성장을 위한 방안으로 기존에 시행하던 '성과공유제Benefit Sharing'라는 제도가 있기는 하다. 하지만 아직은 그 성과가 미미한 상황이다. 동반성장을 위해 열심히 노력한다고 평가받고 있는 한 대기업도 영업이익이 5조 원이나 나는 동안에 성과공유제를 통해서 공유된 성과는 100억 원이 넘지 않는 수준이었다. 0.2퍼센트에 불과한 성과공유는 그저 선심 쓰듯 내놓는 것에 지나지 않는다.

내가 초과이익공유제를 더욱 쉽게 설명하려고 임직원 성과급을 예로 드니 당장 현금을 내놓으라는 것이냐며 반발하는 사람들도 있다. 오히려 나는 현금을 나눠주는 것에 반대한다. 현금은 당장은 편리하게 사용할지 몰라도 기업을 성장시키는 씨앗이 될 수는 없다. 그래서 동반성장위원회는 각 대기업이 이 금액을 일정한 형태의 펀드로 만들어서 기술투자, 임직원 교육, 고용안정 등 다양한 방식으로 협력업체의 성장기반을 강화하기 위해 자율적으로 운영하라고 했다. 다만 동반성장위원회는 이 운용에 관해 일정한 기준을 제시하고, 운용 실태를 조사하여 전체 동반성장지수와 연동하여 평가해보겠다는 것이었다.

우리 대기업들이 국내에서는 골리앗의 위치에 있을지 모르겠지만 세계 시장에서 초우량기업들과 경쟁할 때 아직은 부족하고 다소 불안하기도 한 위치에 있다. 초우량기업과 경쟁하려면 품질이나 가격 경쟁력을 갖추는 것이 중요하다. 그러나 그 가운데 정말 중요한 것은 새로운 것을 창조해내는 능력이다. 이 능력을 사람들은 혁신적 역량이라고 한다. 그런데 아직 우리 기업들은 이런 혁신적 역량이 부족한 것이 사실이다. 혁신적 역량이 품질 경쟁력을 좌우하는 것은 물론이다.

창조적 혁신역량은 하루아침에 생기는 초능력이 아니다. 그렇다보니 당장 성과를 내기 위해 우리 기업들은 자꾸 가격에 초점을 맞추게 된다. 결국 부품 가격 등을 인하해서 가격 경쟁력을 높이는 데 집중하고 있다. 하지만 혁신적 역량의 개발은 등한시하고 자꾸 가격 경쟁에만 집중하게 되면 당장 협력업체가 어려워진다. 부품 가격의 인하는 고스란히 협력업체의 부담이 되기 때문이다. 감당하지 못할 만큼 가격 인하 압박이 계속되면 결국 우수한 협력업체들도 문을 닫을 수밖에 없다. 그렇다면 대기업의 입장에서도 나중에는 곤란을 겪을 것은 불을 보듯 뻔하다.

전국에 널린 게 중소기업이니 아쉬울 것이 없을지도 모르겠다. 그러나 양질의 부품을 만들어내는 역량을 갖춘 기업은 그리 찾기 쉬운 것이 아니다. 대기업이 보기에는 중소기업이 작고 보잘것없어 언제든지 협력관계를 갈아치울 수 있다고 생각할 수도 있다. 하지만 그 작고 보잘것없는 중소기업의 생태계에서 부는 회오리바람이 곧 우리 경제 전반을 휩쓰는 쓰나미가 될 수 있다. 어쩌면 우리 경제는 이러한 나비효과를 눈앞에 두고 있는지도 모른다.

물론 가격 경쟁력과 관련해서 정부 혹은 협회가 조정자로 개입하여 납품단가를 조정하는 것도 좋은 대안이 될 수 있다. 하지만 이는 현실적으로 실천하기가 어렵다. 이런 현실을 어느 정도 인정할 때 이익이 안 났거나 아니면 통상적인 목표이익 수준에 머무르는 어쩔 수 없는 상황을 제외하고는 인식을 과감히 전환해야 한다. 상당한 초과이익이 발생했을 때 그중 일정 부분은 협력중소기업에 돌려주는 것이 바람직하다. 한 연구에 따르면 수출대기업 초과이익의 원천은 상당 부분 납품가 후려치기에 있다고 한다. 누군가의 양보와 희생으로 거둔 이익이니만큼 애초의 목표보다 더 많은 이익이 발생하면 보상해주는 것은 상식이다. 그렇게 해서 협력기업의 장기적인 성장기반 강화에 쓰는 것이 오히려 가격 경쟁력과 관련한 부정적인 이슈를 없애고 대기업과 협력기업의 상생 가능성을 더 높일 수 있다.

사실 '초과이익공유제'는 이름에 '제'라는 글자만 들어 있을 뿐 실제 내용에는 강제적인 요소가 하나도 없다. 강제로 시켜서 뭔가 하려는 시대는 이미 지났다. 그래서 동반성장위원회는 대기업의 협력업체 지원활동을 장려하기 위해 약간의 인센티브를 도입하고자 했다. 물론 민간기관인 동반성장위원회로서는 그저 '약간'의 인센티브만 제안할 수밖에 없는 형편이었다. 초과이익 공유를 잘한다고 평가받는 대기업에는 정부공사를 수주할 때 일정한 가산점을 줘서 좀 더 유리하게 할 수 있다. 마치 기부활동을 장려하기 위해 기부금에 소득공제를 해줘 세금을 덜어주는 것과 비슷하다. 기부금에 소득공제를 도입한다고 해서 기부활동을 강제하는 것은 아니지 않은가. 초과이익공유제 역시 결국엔 당신의 곳간을 채워준 수많은 조력자의 미래에 알아서 투자하라는 일종의 제안 같은 것이다. 거기에 더해서 이익공유를 잘하면 국세청이나 공정거래위원회에 세무조사나 공정거래 관련 조사 경감을 권고할 수도 있다.

우리나라의 대기업과 중소기업 사이에는 오랜 세월 누적된 현격한 힘의 격차가 지속되어왔다. 힘의 우열이 뚜렷한 관계에서 공정한 거래는 거의 불가능했다. 다시 말해 아직도 우리 사회에는 골리앗과 다윗이 분명히 존재하기 때문에 획기적인 변화가 없이는 동반성장이라는 새로운 발전 모델은 정착되기 어렵다. 따라서 다소 낯설고 힘들어 보일지라도 뭔가 특단의 변화가 필요한 시점이다. 초과이익공유제는 특단의 변화를 시작하기 위한 첫걸음이다. 대기업이 스스로 동반성장의 물꼬를 터서 새로운 대한민국을 만들자는 것이다.

대기업들이 동반성장의 의지를 갖추고 스스로 나서준다면 더할 나위 없이 좋다. 그러나 그들이 하기 싫다고 하면 바뀌는 것은 아무것도 없다. 대기업에 그 어떤 제도적 불이익도 생기지 않겠지만 이 사회의 고질적인 병폐 또한 사라지지 않는다. 우리 사회는 암세포를 치료하지 않은 상태로 그저 침대에 누워 간신히 연명할 뿐이다.

이익공유제의 여러 가지 형태

기업 간 이익공유제를 실행하는 구체적 방식으로 판매수입공유제, 순이익공유제, 목표초과이익공유제가 있다. 먼저 '판매수입공유제'

는 협력 기업들 사이에 판매수입을 공유하는 것으로 이익공유와 위험공유Risk Sharing의 수준이 가장 높은 실행 모델이다. 미국에서는 방송사와 스포츠리그 간 계약, 비디오 공급자와 대여업체 간 계약, 그리고 인터넷 마케팅사업 등에서 이용되고 있다. 영국 롤스로이스사의 이익공유제도 여기에 속한다.

이익공유와 위험공유의 수준이 그다음으로 높은 것이 '순이익공유제'다. 이 제도에서는 총수입에서 총비용을 뺀 순이익을 협력 기업들 사이에 공유한다. 미국에서는 할리우드 영화산업과 패스트푸드 가맹사업에서, 오스트레일리아·뉴질랜드·네덜란드에서는 사회간접자본Social Overhead Capital, SOC 건설사업과 국제 항공사 간 전략적 제휴협약에서 이용되고 있다.

세 번째 모델인 '목표초과이익공유제'는 앞서 말한 판매수입공유제나 순이익공유제보다 이익공유와 위험공유의 수준이 낮은 제도로, 대기업과 협력사들이 연초 목표이익을 설정해놓고 이를 초과하는 이익만큼 배분하는 것을 말한다. 미국의 크라이슬러사와 캐리어사(에어컨 제조업체)에서 고객서비스, 품질, 원가의 목표를 정하고 목표초과분에 대해서는 협력사들에게 보너스를 지급하는 수익공유계획Gain Sharing Plan, GSP이 그 한 예다. 원래 얼마를 벌어야 한다는 것보다 더 번 것을 나누는 것이니 기업의 입장에서는 결코 '손해'가 될 수 없다.

이익공유제의 이러한 구체적 실행 모델들은 각각 장단점이 있다. 판매수입공유제는 협력사의 위험부담이 큰 만큼 이익배분 몫도 크다. 하지만 목표초과이익공유제는 협력사의 위험부담이 작고 이익배분 몫도 작은 편이다. 각각의 장단점이 분명한 만큼 특정 산업, 사업의 특성, 협력사의 역량 등을 고려하여 가장 적절한 실행 모델을 선택해 이용할 수 있다. 그리고 구체적 실행 모델들도 강제하는 방식이 아니라 적절한 인센티브를 제공해 기업들이 자율적으로 시행하도록 유도, 권장하는 것이 바람직하다.

초과이익공유제가
공산주의적 발상이라고!

"사회주의 용어인지 공산주의 용어인지…… 들어보지도 못했고, 경제학 책에서 배우지도 못한 말이다."

동반성장위원회가 초과이익공유제를 제안하자마자 우리나라 대표 재벌의 총수는 텔레비전 인터뷰에서 격앙된 표정으로 한마디 했다. 그의 노골적 불만표시 이후 조금씩이나마 힘겹게 진행되던 재벌 대표들과의 이견조율은 사실상 불가능해지고 말았다. 동시에 당시 여당이던 한나라당의 지도급 인사는 초과이익공유제를 '급진 좌파적 발상'이라며 공개적으로 비판하고 나섰다. 재계의 반발은 어느 정도 예상했다. 그러나 있지도 않은 강제성을 거론하면서 반시장적이라든가 좌파 운운해가며 과민 반응한 것은 아무래도 지나쳤다.

반발이 거세다고 해서 낙담하거나 포기할 일은 아니다. 자본주의 발달 과정에서 있어온 많은 새로운 변화가 처음에는 커다란 저항과 혼란 속에서 시작되었지 않았는가. 미국에 반독점법이 처음 도입되었을 때도 반시장적이니 사회주의적이니 하는 색깔 공세를 받았다. 지금으로서는 도저히 용납될 수 없는 매도를 당했다. 과거 대공황 위기에서 미국을 회생시킨 루스벨트 대통령도 미국의 대기업들로부터 공산주의자라는 욕을 먹었다. 국가가 시장경제에 적극 개입하는 뉴딜정책을 펼치자 대기업들이 거세게 반발한 것이다.

방임주의를 최고의 미덕이라 여겼던 대기업들은 국가가 시장에 개입한다고 비난을 퍼부었다. 그러나 그때 뉴딜정책을 펼치지 않았더라면 미국은 세계 제1의 경제대국이 아니라 그저 북미 대륙의 한 국가로 남았을 것이다. 심지어 케인즈조차도 대공황 때 공산주의자, 반시장주의자라는 비난을 들은 적이 있다. 루스벨트가 정부의 적극적인 시장 개입을 이야기한 이론적인 배경이 케인즈의 학설이었기 때문이다.

루스벨트 대통령이 주도한 뉴딜정책은 어마어마한 역사적 대전환이었기 때문에 거부감도 그만큼 컸을 것이다. 그에 비하면 초과이익공유제는 정말 작은 이슈 아닌가? 겨우 이런 정도를 놓고 국내 대표기업 총수가 '공산주의'라는 말로 온 국민 앞에서 공개적으로 비난한 것이다. 오랜 세월 독차지해왔던 초과이익 가운데 단 한 푼도 협력 중소업체들과 나누기 싫다는 그의 반대 의견을 듣고 보니 지난 수십 년 동안 대기업과 중소기업 간의 생태계가 왜 개선되지 못했는지 짐작하고도 남을 일이었다.

동반성장위원회가 초과이익공유제를 제안하면서 모두의 박수를 받으리란 기대는 애초부터 하지도 않았다. 하지만 재계, 정계, 관계, 학계의 많은 사람들이 반기를 들고 나온 것은 충격이었다. 동반성장에 대한 필요성은 충분히 인정하면서도 초과이익공유제는 안 된다고 한다. 과연 그들이 그리고 있는 동반성장은 어떤 모습인지 되묻고 싶었다. 초과이익공유제는 너희가 많이 벌었으니 좀 나눠주라는 단순한 개념이 아니다. 너희는 부자이니 가난한 중소기업들에 좀 베풀라는 시혜적 차원도 아니다. 큰 이익을 내는 데 협력업체들의 역할이 컸다면 그에 맞는 대가를 되돌려주라는 것이다. 그것은 내 몫의 빵을 나눠 가지자는 것도 아니다. 약간의 빵부스러기를 내놓으며 이를 재포장하여 아름다운 상생을 외치는 일은 더더욱 아니다. 열심히 일한 대가를 공정하게 되돌려줌으로써 함께 발전할 수 있는 기틀을 닦자는 것이다.

제아무리 좋은 것이라도 새로운 것은 낯설 수밖에 없다. 그 낯섦이 어색하다고 해서 그것이 무조건 나쁜 것, 옳지 않은 것으로 매도되어서는 안 된다.

"새는 알을 깨고 나오려고 발버둥친다. 알은 새의 세계다. 태어나려는 자는 또 하나의 세계를 깨뜨리지 않으면 안 된다."

헤르만 헤세의 소설 『데미안』의 한 구절은 낯익은 것과의 과감한 이별을 뜻한다. 익숙한 것은 곧 안주함을 의미한다. 알 밖의 세계야말로 진정 새가 날 수 있는 자유로운 세상이다. 새로운 것, 낯선 것이 두려움을 줄지라도 과감하게 받아들일 수 있어야 한다. 그것이 혁신이고 미래다.

초과이익공유 또는 협력이익배분을 두고 유례없는 사례라며 들어보지도 못한 제도라고 말하는 사람들이 있다. 하지만 우리가 지금은 익숙해 있는 스톡옵션의 용어를 들어보기 시작한 것이 과연 언제부터인가. 이 제도 역시 자본주의가 발전해가는 과정에서 자본보다 인간의 중요성이 점점 더 커지고 임직원들의 자발적 참여가 더욱 중요해지고 있다는 인식에서 비롯된 산물이다. 그리고 기업들이 주주의 이익과 임직원의 이익이 상반된 것이 아니라 함께 추구하는 것이라는 점을 알고 도입한 것이다. 그럼에도 이 용어는 본격적으로 등장했던 15년 전만 해도 '유례가 없었고 듣도 보도 못한' 것이었다.

동반성장은 진실로 함께 가는 길만이 멀리 갈 수 있다는 믿음으로 시작해야 한다. 따라서 우리에게는 과거의 발전방식을 넘어서는 새로운 발전철학이 요구된다. 지금은 알을 깰 때가 되었다. 알을 깨지 못하면 새로운 생명은 날기는커녕 알 속에서 죽음을 맞이할 수밖에 없다. 지금까지의 경제와 사회 발전을 이끌어온 방식을 고치지 않으면 앞으로도 기회는 없을 수 있다. 변화의 시대에 기다림은 도태의 또 다른 말이기 때문이다. 절박한 이때 진정한 변화를 위해서는 뭔가 혁신적인 노력과 획기적인 돌파구가 필요하다. 그럼에도 지금 우리 상황에서 동반성장을 그저 한번 해보면 좋은 것이거나 약간 수고롭지만 잘 모아서 추진해보면 달성 가능한 이벤트 정도로 여기는 경우가 많다.

우리 사회에서 이제 동반성장은 하면 좋고 안 되면 어쩔 수 없는 선택의 영역이 아니다. 이 사회가 처한 위기를 정확히 인지한다면, 수많은 국민이 처한 절박한 현실을 똑바로 바라본다면 동반성장은 결코 선택이 아니라 필수임을 잘 알 것이다.

끝전까지 챙기려다 소탐대실하는 재벌들

"큰 부를 가진 사람일수록 그것을 가능케 한 사회에 책임감을 느껴야 한다."

빌 게이츠가 한 말이다. 그는 '창조적 자본주의'를 내세웠다. 가난한 사람들이 필요로 하는 상품의 가격이 비싸면 기업은 가격대가 낮은 상품을 개발하고 판매해야 한다는 것이다. 그는 기업이 존재할 수 있는 것은 사람들이 제품을 사주기 때문이니 당연히 기업도 사회에 자신들의 이익을 환원하라고 주문한다. 그래야만 기업의 지속가능한 경영도 보장된다고 강조한다. 그는 자신이 주창한 창조적 자본주의를 '착한 자본주의'라고 했다.

나는 빌 게이츠의 주장을 접하고 나서 우리 사회의 기업인들과 부자들을 떠올렸다. 이 사회의 부자들은 어떤가. 모범적인 행위를 통해 변화를 주도하기보다는 변화를 바라는 수많은 사람의 외침에 눈 감고 귀 막고 있다. 심지어 변화의 목소리를 공개적으로 비난하기까지 한다.

초과이익공유제에 대해 '공산주의'라고 공개적으로 비난하는 재벌 총수의 말대로라면 미국의 신흥부자들에게 가진 것의 상당 부분을 사회에 내놓자고 한 빌 게이츠는 공산주의자의 우두머리가 아니겠는가.

사실 초과이익공유제는 바로 그가 이끄는 재벌기업의 경영기법에서 아이디어를 얻은 것이었기 때문에 더 어처구니가 없었다. 그 기업에서는 연초에 예상했던 수준을 초과하는 이익을 기여도에 따라 임직원들에게 나누어주는 제도를 이미 운용하고 있었다. 동반성장위원회가 제안한 초과이익공유제는 그 재벌기업의 임직원 이익공유제를 협력사로 확대하자는 것뿐이었다.

물론 결과적으로 그의 '공산주의' 운운하던 반발 덕분에 초과이익공유제와 동반성장이 우리 국민 사이에 널리 알려지게 되었다. 그 재벌총수 자신이 동반성장의 대국민 홍보에 누구보다도 커다란 이바지를 한 셈이 되었다.

초과이익공유제로 큰 소동이 벌어진 지 거의 2년이 지난 지금 여야를 막론하고 우리 정치권은 초과이익공유제 같은 작은 이슈를 훨씬 뛰어넘는 메가톤급 이슈, 즉 재벌체제의 근간을 뒤흔들 수 있는 법안을 다듬고 있다. 짐작건대 새 정부에서도 지금까지와 같은 형태의 재벌체제가 온존하리라고 볼 수는 없다.

내가 동반성장위원회 위원장으로서 초과이익공유제와 중소기업 적합업종 선정 같은 화두를 던졌던 것은 지금처럼 정치권이 손을 대야 하는 상황이 오기 전에 대기업 스스로 중소기업과 함께 자율적으로 문제 해결에 나서라는 권고였다. 나는 오히려 재벌들이 나서서 동반성장에 앞장서기를 바랐다. 그렇지 않으면 앞으로 정말 무서운 국민의 저항을 받을 것이라는 경고도 했다.

초과이익공유제가 처음 나왔을 때 재벌들이 그 제안을 과감하게 수용했더라면 재벌에 대한 국민의 인식이 이렇게까지 나빠지지는 않았을 것이다. 만약 협력중소기업에 그들의 정당한 몫을 돌려주자는 동반성장위원회의 제안을 받아들여 납품단가 후려치기의 해묵은 관행을 근절하겠다고 선언하고 하나하나 실행해나갔더라면 지금쯤 재벌기업들은 수많은 국민에게 큰 박수를 받았을 것이다. 중소기업 적합업종으로 선정되는 분야에도 더는 들어가지 않겠다는 결의를 보여주고 중소기업에서 기술과 인력을 빼앗아오는 짓을 더는 하지 않겠다고 약속했더라면 어땠을까? 그 약속을 실천하기 시작했더라면, 우리 국민은 재벌체제의 근간을 뒤흔드는 주장에 찬성하지 않았을 것이다.

동반성장에 협력하여 중소기업을 튼튼하게 만들고 중소기업 일자리가 좋은 일자리로 변해가는 데 이바지했다면 이 사회의 장래는 밝아졌을 것이다. 그 결과 가계소득이 늘어나 경제 선순환이 시작되고 일자리가 늘어나도록 했더라면 재벌은 개혁의 대상이 아니라 경제와 사회 발전의 일등공신으로 대접받았을 것이다. 그리고 재벌기업들은 국민에게 신뢰와 사랑과 존경을 받는 존재로 거듭났을 것이다. 그러나 지금 무슨 일이 일어나고 있는가. 재벌들이 경제민주화의 대상이 되어 정치권과 국민의 저항을 받고 있지 않은가. 이는 결국 재벌이 자초한 일이다. 재벌들의 소탐대실이라 하지 않을 수 없다. 장기적 글로벌 트렌드는커녕 1, 2년 뒤 국내 사회의 흐름조차 내다보지 못하는 그들의 근시안적 견해에 답답함과 안타까움을 느낀다.

애플과 도요타의 엇갈린 운명

눈 먼 사람이 등잔불을 들고 깜깜한 산길을 걷고 있었다. 눈도 보이지 않는 사람에게 등잔불이 왜 필요한지 의아해하니 그 사람은 대답했다.

"등불을 밝혀야 상대가 나를 보고 피해 가지 않겠소."

그는 등불을 밝힘으로써 깜깜한 산길을 걷는 또 다른 행인들에게 길을 보여주는 선행을 베풀었다. 그리고 깜깜한 산길에서 마주 오는 사람과 부딪치지 않음으로써 자신의 안전을 확보할 수 있다는 더 큰 이득을 얻었다. 눈 먼 사람에게 등불은 상대를 위한 것이기도 하지만 궁극적으론 자기 자신을 위한 것이다.

동반성장 역시 얼핏 보기엔 남을 위한 일 같지만 알고 보면 나를 위한 일이다. 상대를 배려하고 위함으로써 결국엔 나도 이익을 얻게 되기 때문이다. 대기업이 협력중소기업에 대등하고 공정한 거래 관계를 유지한다면 동기부여가 되어 더 좋은 제품을 생산함은 물론이고 기술개발 등을 통한 적극적인 도움까지도 기대할 수 있다. 남을 이롭게 함으로써 결국엔 내가 함께 이로움을 얻는 '이타자리利他自利'가 바로 우리가 동반성장을 통해 얻을 수 있는 효과다.

대기업과 협력중소기업 간 협상력 격차와 불공정 거래 관행으로부터 파생되는 불균형을 현실적으로, 그리고 단기간에 바로잡을 수 있는 수단이 바로 동반성장위원회가 제안한 '이익공유제'다. 그뿐만 아니다. 대기업과 협력중소기업 사이에 공동운명체적 관계가 점차 강화되어가는 점을 고려할 때 이익공유제는 매우 유효한 동반성장의 수단이 될 것으로 판단한다. 특히 대기업과 협력사들이 공동으로 창출해낸 이익을 그 기여도에 따라 공정하게 배분함으로써 협력사들의 자발적인 기술개발을 유도할 수 있다. 그 결과 이익도 극대화되어 대기업과 협력기업 모두가 더 많은 혁신이익을 얻는 효과를 볼 수 있다.

이익공유제를 넓게 정의하면 둘 이상의 협력 참가자가 공동으로 만들어낸 이익을 그 기여도에 따라 적절하게 배분하여 참가자들에게 인센티브를 제공하고 공동 이익을 최대화하는 제도다. 기업 내부의 이익공유제는 임원과 근로자들에 대한 보너스나 스톡옵션 등의 형태로 이미 널리 시행되고 있다. 그리고 서로 다른 협력기업 간의 이익공유제도 이미 오래전부터 국외에서 시행되었다. 누군가의 말처럼 '듣도 보도 못한' 제도가 아니다.

역사적으로 볼 때 이익공유제는 1920년대 미국 할리우드 영화산업 태동기 때 처음 등장한 이후 영화배우, 제작사, 배급사 사이의 협력을 촉진했다. 그리고 현재까지 할리우드의 경쟁력을 뒷받침해왔다. 그 후 미국, 영국, 오스트레일리아, 뉴질랜드, 네덜란드 등에서 제조업, 건설업, 유통서비스업, 인터넷사업, 프랜차이즈사업 등 다양한 산업의 기업 간 협력사업에 널리 활용되고 있다.

이들 나라에서 이익공유제를 시행하는 이유는 간단하다. 공동으로 만들어낸 이익을 기여도에 따라 공정하게 배분함으로써 참가자들의 자발적인 노력 동기를 유발할 수 있다. 그 결과 이익도 최대화할 수 있다는 것이다. 이익공유제는 정해진 파이를 한쪽에서 빼앗아 다른 쪽으로 가져가는 제로섬 게임과는 거리가 멀다. 파이 나누는 비율을 잘 정하고 서로 협력하여 노력함으로써 파이 자체를 훨씬 크게 만든다. 그리고 이렇게 커진 파이를 애초에 정한 비율대로 공정하게 나눔으로써 결과적으로 참여자 각자가 모두 먹을 파이 크기도 가장 크게 만드는 것이다. 우리가 흔히 알고 있는 윈윈의 일종이라 할 수 있다.

이익공유제로 윈윈하는 애플

인터넷 세상이 열린 이후 스마트폰을 비롯한 디지털 기기는 우리의 일상을 너무나 많이 바꿔놓았다. 기업도 예외는 아니다. 불과 10여 년 사이에 모든 것을 바꿔야만 살아남을 수 있는, 변화를 넘어 그야말로 혁신의 시대를 맞게 되었다. 더군다나 이런 급격한 변화는 먼 나라의 이야기가 아니다. 당장 새로운 패러다임을 열어젖힌 애플 때문에 우리 경제가 얼마나 호들갑을 떨었던가?

물론 최근에는 삼성과의 소송전쟁이나 폐쇄적인 기업문화 등 애플을 향한 질타의 목소리가 높기는 하지만 애플이 추구하는 기업생태계를 제대로 들여다보면, 왜 애플이 지난 10여 년 동안 글로벌 1위 기업으로 우뚝 설 수 있었는지를 알 수 있다. 그것은 다름 아닌 '상생의 비즈니스 생태계'를 구축한 덕분이다.

애플이 내놓은 아이팟과 아이폰은 혁신의 상징이었다. 애플은 혁신을 상징하는 고유명사처럼 쓰일 정도로 시장의 판도를 뒤흔들었다. 전 세계의 전자제품 회사들은 애플의 연이은 공세에 정신을 차리지 못하고 한동안 속수무책으로 당하기만 했다. 한때 세계의 MP3 플레이어 시장을 장악한 우리나라의 아이리버도 애플의 아이팟이라는 강력한 직격탄을 맞고 시장을 거의 다 빼앗기고 말았다. 아이폰의 등장은 글로벌 기업이라 자부하던 삼성전자에게는 커다란 도전이었다. 어떻게 이런 일이 단시간에 벌어질 수 있었을까?

그 이유로 스티브 잡스의 천재성과 기업의 혁신적인 역량을 꼽는 사람들이 많다. 그런데 그들의 천재성과 혁신적인 역량이 빛을 발한 것은 제품 기술력이 아니었다. 알다시피 아이폰에 접목된 기술은 새로운 것이 없었다. 기존에 있던 기술을 새로이 조합해서 사용자들이 만족하게 쓸 수 있도록 했을 뿐이다. 원천 기술력만 따져보면 우리 기업들이 애플보다 못한 것은 없다. 즉 애플의 승리는 소프트웨어의 승리였던 것이다. 그리고 그 소프트웨어의 승리는 애플이 만든 비즈니스 생태계로 가능했다.

애플은 컴퓨터 업계에서도 주도적인 역할은 하지 못했다. 그저 마니아들만 찾거나 그래픽 관련 작업자들이 선택하는 기종을 만들어내는 게 전부였다. 하지만 한 번 쫓겨났다가 다시 귀환한 스티브 잡스는 애플의 제품을 마니아의 상품이 아닌 전 세계에서 흔히 볼 수 있는 혁신의 아이콘으로 바꿔놓았다. 그게 가능했던 것이 혁신적인 아이디어와 더불어 앱스토어의 등장 덕분이다. 아이폰에 사용되는 애플리케이션이 거래되는 앱스토어에서 물건을 팔려고 입점한 개인이나 기업은 당연히 그 수익을 가져간다. 그런데 수익의 배분율이 애플은 30퍼센트, 애플리케이션 제작자는 70퍼센트다.

애플의 제품이 많이 팔리면 팔릴수록 애플리케이션 제작자도 돈을 많이 버는 비즈니스 생태계는 이익공유제의 모델이다. 애플이 하는 것이라곤 앱스토어라는 장터를 공정하게 관리하는 것이다. 개발자, 애플 그리고 사용자까지 손해를 입지 않도록 관리하는 것이다. 어찌보면 애플은 별로 하는 것 없이 돈을 벌어가니 봉이 김선달이 연상된다는 말도 있다. 하지만 이러한 이익공유제의 아이디어를 낸 것이라면 그들의 수익은 충분히 인정해줘야 하는 게 아닌가?

이익공유제는 비단 기업과 기업 간의 모델로 그치지 않는다. 기업과 사회의 공생을 위한 모델로도 주목받고 있다. 사실, 기업과 기업 간의 생태계 못지않게 기업과 사회의 생태계야말로 가장 중요하다. 사회가 무너지면 기업은 시장을 잃기 때문이다. 그래서 마이클 포터 교수는 다음과 같이 말한다.

"이제는 기업의 사회적 책임, 즉 CSR~Corporate Social Responsibility~이 아니라 공유가치창출, 즉 CSV~Creating Shared Value~다."

그는 『하버드 비즈니스 리뷰』에 게재한 「공유가치창출」이라는 논문을 통해 우리가 자본주의, 시장, 기업의 가치 사슬~Value Chain~에 대한 협소한 시야에 갇혀 있다고 지적했다. 그는 기업의 이익과 사회적 이익이 상호 배치되는 상황에서 이 양자를 두고 갈등하던 구도는 끝났다고 했다. 기술 발달과 새로운 혁신을 통해 기업이 이익을 추구하면서도 사회적 공유가치를 창조하는 선순환이 가능하다. 실제로 이러한 사례가 많이 생겨나고 있다고 했다.

세계적인 식품회사 네슬레는 '네스프레소'라는 프리미엄 커피 사업을 추진하기 위해 양질의 원료를 안정적으로 공급받아야 한다. 하지만 아프리카와 남미 지역의 영세한 생산농가들은 생산성이 낮아서 품질이 높은 원료를 안정적으로 공급하기가 어렵다. 이러한 문제를 해결하기 위해 네슬레는 생산농가들이 더 높은 생산성을 갖출 수 있도록 적극적인 지원정책을 펼치고 있다. 생산농가에 대한 금융지원, 안정적인 구매계약은 물론이고 그 지역에 필요한 설비·기술·유통 등 여러 요소를 같이 개선해나간다. 이 과정에서 NGO들이 교육과 품질인증에 같이 참여하기도 한다.

이러한 사회적 공유가치를 창조하기 위해 기업의 리더와 관리자들은 사회적 요구를 읽어내고 깊이 이해할 수 있어야 한다. 또 기업 생산성의 진정한 바탕이 무엇인지에 대한 더 긴 안목이 필요하다. 이와 아울러 기업의 안과 밖, 영리 영역과 비영리 영역을 넘나드는 협력을 이루어낼 수 있는 능력을 배양해야 한다. 이러한 기업의 노력은 뭔가 도덕적인 의무를 수행하는 것이 아니다. 앞서 말했듯이 기업이 존재하려면 시장이 있어야 한다. 그 시장을 구성하는 것은 바로 사회공동체의 구성원인 시민이다. 그들의 삶이 망가지면 시장도 붕괴할뿐더러 기업의 존재마저도 보장할 수 없다. 이익공유제는 기업이 뭔가 베푸는 게 아니라 그들의 생존을 위한 기본이다.

협력업체 원가 후려치기로 위기에 봉착한 도요타

 도요타의 추락은 극적이었다. 한 시대를 풍미한 일본경제의 퇴보를 상징하는 장면이기도 했다. 2009년 8월에 도요타의 숨겨진 속살이 만천하에 드러났다. 미국의 한 일가족이 도요타의 렉서스를 타고 가다가 사고가 난 것이다. 그때 운전자는 가속페달을 밟지 않았음에도 자동차는 시속 200킬로미터에 가까운 속도로 달렸다. 운전자를 포함한 일가족 네 명은 공포에 떨어야 했고 급기야 모두 목숨을 잃고 말았다.

 하루에도 수없이 많은 교통사고가 전 세계에서 일어난다. 하지만 이 사고가 불러온 파문은 실로 엄청났다. 당시 운전자가 죽기 전까지 911과 통화를 했고 그 내용이 세상에 공개된 것이다. 즉 운전자의 실수가 아니라 차량의 결함이란 사실이 명백하게 밝혀지는 바람에 렉서스를 만든 도요타는 한순간에 불량 자동차를 만들어내는 부도덕한 기업으로 낙인찍히고 말았다. 도요타는 이 사고가 공개되었을 때 발뺌부터 했다. 급가속의 문제를 단순히 운전석 바닥의 매트 문제로 봉합하려고 한 것이다. 마치 매트가 가속페달을 누르는 바람에 그렇게 된 것인 양 눈속임을 시도한 것이다. 그러나 미국의 교통안전 당국이 조사한 결과가 발표되자 도요타는 변명의 여지가 사라졌다. 명백한 가속페달의 문제로 판명이 난 것이다. 도요타는 자신들의 실수를 인정하지 않고 사건을 무마하려는 부도덕함을 보여 많은 비난을 받고 결국 대량 리콜 사태를 피할 수 없게 되었다. 그런데 이 사태는 우연히 불량이 발생한 것이 아니라 언젠가 일어날 수밖에 없는 참사였다고 밝혀졌다. 도요타의 '품질경영' 신화의 이면에 가려진 불편한 진실은 사람들을 경악하게 했고, 왜 상생해야 하는지를 고민하게끔 했다.

도요타는 '낭비의 철저한 배제와 자동화' '적시생산Just in Time 시스템' '스스로 표준을 확립하는 현장주의' '사회적 책임의식의 강조' 등을 내세우며 세계 최고의 경영모델로 주목받고 있었다. 그러나 그 모든 내용은 그저 말뿐이었다는 사실이 만천하에 드러났다. 대량 리콜 사태 이후 들여다본 도요타의 내부에는 비용 절감을 위해서라면 인간의 영혼마저 팔겠다는 천박한 장사꾼의 모습이 숨어 있었던 것이다.

도요타를 고발한 『도요타의 어둠』이라는 책을 보면, 도요타는 협력업체들로부터 '지옥' '자동차 절망공장'이라고 불렸다고 한다. 대표적인 사례로 '적시생산 시스템'은 필요한 물품을 필요한 시점에 생산라인에 투입하는 방식이다. 이게 협력업체를 괴롭히는 것이나 다름없었다고 한다. 그리고 다른 경쟁사들을 따돌리기 위해 원가경쟁력을 전략으로 채택해서 부품단가를 낮췄는데 그 부담을 고스란히 협력업체에게로 돌렸다고 한다.

납품단가의 30퍼센트 인하를 요구하고 이를 받아들이지 않으면 국외의 현지 부품사로부터 가격이 낮은 부품을 조달해온 것이다. 이 과정에서 품질은 원가에 밀려 고려의 대상이 아니었다. 말로만 품질경영을 떠들면서 실제로는 품질을 깔아뭉개고 협력업체를 쥐어짠 것이다. 그 결과 가속페달의 불량은 이미 예고된 참사나 다름없었다. 2005년부터 2006년까지 판매한 약 512만 대의 자동차 중에서 무려 511만 대를 리콜했다고 하니 결함률이 무려 99퍼센트를 넘은 것이다.

자동차의 대명사인 GM의 행보도 예사롭지 않다. GM은 연이은 후발주자들의 공세와 글로벌 경제위기로 심각한 타격을 받았다. 그런데 GM은 믿을 수 있고 좋은 자동차를 만들기보다 시장에서 가장 값싼 자동차를 만드는 데 주력해왔다. 그리고 그들이 집중한 것은 금융부문 비즈니스였다. GM도 자동차 완성에 필요한 생태계를 조성하기보다 당장 돈이 되는 것에 달려들었다. 당연히 여기저기서 자동차의 품질이 예전보다 못하다는 소리가 나오고, 협력업체들도 힘들다는 이야기가 새어나오고 있다.

2만 5,000개가 넘는 부품을 납품받아야 조립할 수 있는 자동차는 협력업체와의 상생이 가장 큰 과제라고 할 수 있다. 이 부품 중에서 무엇 하나라도 불량이면 운전자와 탑승자의 목숨이 위협받을 수 있으니 협력업체의 품질 완성도는 완벽에 가까워야 한다. 아니, 완벽해야만 한다. 그렇게 하려면 협력업체는 부품의 품질을 위해 기술개발과 시설 투자를 지속적으로 해야 한다. 납품단가를 후려쳐서는 그럴 여력이 생기지 않는다. 결국 협력업체도 악마의 속삭임에 울며 겨자 먹기로 굴복할 수밖에 없다. 이런 행태는 범죄다. 그러나 협력업체는 공범이 아니라 피해자다. 정작 주범은 따로 있는데 모든 책임을 협력업체의 부실로 몰아세우는 것은 파렴치한 짓이다.

도요타는 원가절감보다 도요타를 중심으로 형성된 기업생태계를 건강하게 만드는 데 주력했어야 했다. 생태계가 파괴되면 가장 힘이 센 생물체도 살 수 없다. 공룡이 멸종한 것도 단지 운석과 충돌해서가 아니다. 그 많은 공룡이 모두 운석과 그 파편에 맞았을 리가 없지 않은가? 운석의 충돌로 엄청난 먼지가 발생해 햇빛을 막아버려 생태계가 파괴되었다. 그 결과 당장 운석 충돌을 피할 수 있었던 거대 공룡도 결국엔 살아남을 수 없었던 것이다. 기업생태계도 이와 같다. 대기업이 덩치가 거대 공룡처럼 크고 '갑'이라고 해서 늘 위기를 피할 수 있고, 또 얼마든지 대체할 수 있는 협력업체를 구할 수 있다는 것은 착각이다. 생태계를 스스로 파괴하는 공룡의 그늘로 누가 들어가려고 하겠는가?

땀 흘려 일한 만큼 대가를 받아야 한다

　　　　　　인터넷 검색업체 구글은 시가총액이 2,400억 달러가 넘는다. 고작 인터넷 검색 엔진을 제공하는 업체라고 얕볼 수 없는 어마어마한 가치다. 우리나라 재계 1위를 차지하는 재벌그룹은 계열사를 다 끌어모아도 이에 못 미친다. 구글의 성공 비결은 대체 무엇일까?

　만약 구글이 우리나라의 기업이었다면 인터넷 분야에는 오로지 구글의 깃발만 보였을지도 모른다. 하지만 구글은 육식공룡처럼 마구 먹어치우지 않고 상생의 기업생태계를 만들었다. 구글은 모든 것을 다 하겠다고 덤벼들기보다 혁신적인 아이디어를 가진 기업들과의 상생을 선택한 것이다. 세계 경제위기에서도 미국의 실리콘밸리가 세계 최고의 IT 요람으로 인정받는 것도 같은 이유다. 구글뿐만 아니라 페이스북, 애플, 아마존 등의 혁신적인 기업은 생태계를 만들어 다 함께 성장하기를 바란다.

그런데 우리나라의 재벌들은 어떤가. 한마디로 그들은 지금 큰 착각에 빠져 있다. 그들이 지금껏 이룬 것은 온전히 자신들만의 것이다. 그것을 두고 누가 이러쿵저러쿵하는 것에 대해 내 것을 탐내는 도둑의 심보라며 괘씸해하고 있다. 하지만 그들의 호화로운 곳간은 결코 그들의 힘만으로 이룬 것이 아니다. 수많은 사람의 땀방울과 눈물이 그 안에 함께 녹아들어 있다. 더군다나 사람들이 바라는 것은 그들의 곳간을 열어 우리와 함께 나누자는 것이 아니다. 그저 내가 땀 흘려 일한 만큼 정당한 대가를 달라는 것이다.

이러한 요구는 경천동지할 혁명을 일으키자는 것이 아니다. 일한 만큼 정당하게 대접을 받고 싶다는 것은 기본이자 상식이다. 이 기본과 상식이 어그러지면 그렇게 하지 말라고 이야기해줘야 한다. 그런데 이를 '규제'라며 기업과 시장의 자유를 침해한다고 투덜댄다. 도대체 그들의 자유는 누구를 위한, 무엇을 위한 자유인가? 나를 비롯한 대다수 국민이 보기에 그 자유는 그저 탐욕을 위한 자유, 거칠 것 없이 휩쓸고 다니는 방종에 불과하다.

실제로 동반성장을 하기 위해서 구체적으로 무엇을 어떻게 해야 하는지에 대해 여러 중소기업인은 '필요한 것은 딱 하나, 땀 흘려 일한 만큼 받는 것'이라고 말한다. 이런 그들의 소박한 바람을 두고 누가 감히 남의 것을 탐내는 도둑놈 심보라고 매도할 수 있겠는가!

땀 흘려 일한 만큼 정당한 대가를 받는 것은 자본주의 사회에서 너무나 당연한 기본 중의 기본이다. 그럼에도 누군가의 간절한 바람이 된 데는 이 사회가 기본조차 제대로 지키지 못하기 때문이다. 기본이 지켜지는 사회, 즉 땀 흘려 일한 만큼 정당한 대가를 받는 사회가 되려면 원자잿값 인상이 납품가격에 합리적으로 반영될 수 있어야 한다. 또 거래 관계를 안정화하는 등 대기업과 협력중소기업의 거래 계약관계를 개선하는 일에 더 많은 노력을 기울여야 한다. 이를 위해 재벌 대기업들이 먼저 인식을 전환해야 한다. 하지만 그것이 더디게 일어난다면 정부가 나서서라도 정책 지도, 제도 개선, 관리 감독을 해야 한다.

불공정한 수직 관계를 합리적인 수평 관계로

"나는 당신이 할 수 없는 일을 할 수 있고, 당신은 내가 할 수 없는 일을 할 수 있다. 따라서 우리는 함께 큰일을 할 수 있다."

대기업과 중소기업 간의 협력관계를 보면 마더 테레사 수녀님의 말이 떠오른다. 특히 우리나라 대기업과 중소기업 간의 협력사업은 과거 가공조립 생산단계의 저위험·저부가가치의 제조 분야에서 오늘날에는 제품기획/연구개발, 제품개발/브랜딩, 마케팅, AS와 같은 고부가가치·고위험 사업 분야로 확대되고 있어서 더더욱 '함께 큰 일을 할 수' 있게 되었다. 이런 가운데 대기업과 협력업체들은 하나의 운명체처럼 점점 더 밀접하게 연결되고 있다. 마치 자동차의 몸통이 대기업이라면 엔진, 바퀴, 기어, 핸들, 브레이크 같은 주요 부분들이 협력업체인 것이다.

이렇게 공동운명체적 성격이 강화되고 있지만, 대기업과 중소기업 간의 수직적인 갑을 관계는 그 기울기가 좀처럼 줄어들지 않는다. 전 세계를 통틀어 대기업과 협력중소기업의 관계가 우리처럼 이렇게 수직적 갑을 관계로 된 나라도 드물다. 이러한 수직적 갑을 관계가 가장 잘 드러나는 것 중 하나가 '납품단가 인하 요구'다. 이미 말했지만 우리 기업들의 오랜 습성 중 하나가 일단 가격 우위를 확보한 다음 품질을 높이자는 것이다. 세계적인 초우량기업들과 비교할 때 우리 대기업들의 혁신적 역량이 부족하다 보니 결국 '가격'에 더욱 집중할 수밖에 없게 된 것이다.

이런 과정에서 협력기업들은 가혹한 가격조정을 감내하도록 공공연하게 요구받아왔다. 심지어 원자재 가격이 인상되어도 여전히 납품가는 고정된 것이 우리의 현실이다. 원자재 가격이 상승했으니 납품가를 올려달라고 요구하면 '헛소리'라며 무시당하고 만다. 가격만이 경쟁력인데 협력업체들에게 납품가를 올려주면 그만큼 세계 시장에서 경쟁력을 상실하게 된다는 일차원적인 계산법이 적용된 것이다.

대기업은 과거의 저부가가치 제조단계에나 어울리는 원가절감의 관행을 멈추지 않고 있다. 그 결과 대기업과 중소제조업체 사이에 수익성 격차가 더욱 확대되는 것은 물론이고 중소기업은 존속마저 걱정해야 하는 위기에 처해 있다. 대기업이 협력업체의 도움으로 배를 불리는 동안 협력중소기업은 배를 곯을 수밖에 없는 구조다.

이런 문제가 생기는 가장 큰 이유는 대기업이 우월적 지위를 이용해 '수요독점자'가 되어 납품가격을 최대한 낮게 결정할 수 있기 때문이다. 우리나라에서는 납품단가를 결정할 때 협력사의 이익은 원가의 일정 비율로 정해지고, 계약 기간에 단가는 원가에 연동하여 변경되는 원가연동가격방식Cost-Plus Pricing을 주로 채택하고 있다. 이 방식에 따르면 중소협력사는 거의 고정된 기본이익만 얻고 대기업은 시장의 불확실성과 위험을 부담하는 대신 혁신이익을 얻게 된다. 게다가 단가 인하가 업계의 관행으로 자리 잡은 뒤부터 협력사는 기본이익을 얻는 것조차도 어렵다.

이와 같은 납품단가 결정과 이익배분제도에서 협력사업이 성공하면 대기업은 커다란 이익을 낸다. 하지만 중소기업은 기본이익만 얻게 될 뿐이다. 즉, 협력사가 멋진 바퀴를 개발하여 자동차가 불티나게 팔려도 개발비는 회수할지언정 혁신이익은 제대로 보상받지 못하는 것이다. 상황이 이러하니 중소협력업체들 입장에선 기술개발이나 품질개선의 동기가 줄어들고 기술혁신 또한 힘들 수밖에 없다. 따라서 불공정한 수직적인 관계를 수평적인 관계, 합리적인 계약관계로 전환하고 대기업과 협력중소기업이 공정하게 경쟁하며 거래할 수 있는 여건과 규칙을 확립하는 일이 올바른 동반성장 사회를 만들기 위한 가장 근본적인 숙제라 할 수 있다.

'경제민주화' 개념정리부터 하자

일각에서는 동반성장의 문제를 대기업 탓으로만 돌리고 있고, 그 때문에 중소기업의 자조 자립 노력을 희석한다는 지적이 있다. 그러나 우리는 문제를 어느 한 방향에서만 볼 것이 아니라 입체적으로 볼 필요가 있다. 동반성장이 중소기업의 자조 자립의 노력을 희석할 것이라는 지적은 실제 대기업과 협력중소기업 간 수직적 관계의 폐해를 제대로 파악하지 못한 데서 나온 것이다.

중소기업의 자조 자립은 시장의 공정성부터 확립해놓은 다음에 기대할 일이다. 다른 선택이 없는 상황에서 중소기업은 울며 겨자 먹기로 불합리한 거래를 이어갈 수밖에 없다. 그래야 입에 풀칠이라도 할 수 있기 때문이다. 정의는 거창하고 추상적인 명분으로만 이야기할 것이 아니다. 공정한 규칙부터 만드는 것이 정의 실현이다.

지금 우리 사회는 '경제민주화'에 대한 열망이 높다. 여야를 막론한 정치권은 물론 온 국민이 경제민주화의 실현을 고대하고 있다. 경제민주화에서 요구하는 것은 재벌에게 네 것을 내놓으라는 게 아니다. 규정을 공정하게 만들고 제발 좀 지키라는 것이다. 그런데 아직도 경제민주화를 둘러싸고 엉뚱한 이야기를 한다. 그래서 경제민주화를 실현하려면 그 의미부터 올바르게 정립할 필요가 있다.

최근 정치권의 '경제민주화' 논의를 살펴보면 여야가 담고 있는 내용이 다른 것을 확인할 수 있다. 헌법 제119조에 경제민주화 내용이 들어 있다고 일반적으로 이야기하지만 구체적으로 '경제민주화 사회란 어떤 모습인가'에 대해서는 이야기하지 않았다. 그 결과 여야 정당과 정치인들이 너나없이 '경제민주화'를 이야기하지만 정책 방향은 매우 다르게 나타나고 있다. 그 이유는 '경제민주화'에 대해 서로 인정하는 공통 개념이 올바르게 정리되어 있지 않기 때문이다.

나는 1990년 동료 경제학자들과 함께 쓴 『도전받는 한국경제』라는 책에서 '경제민주화란 시장에서 경제활동을 하는 기업, 노동자, 소비자들이 대등한 관계가 되는 사회'라고 설명했다. 즉, 대기업과 중소기업은 물론 노동자와 소비자들까지 기존의 수직 관계에서 벗어나 수평 관계로 새롭게 관계가 정립될 때 그것이 곧 경제민주화다.

대등한 관계가 형성된 사회는 사람들이 경제활동을 하는 과정에서 선택의 자유가 있는 사회를 의미한다. 예를 들어 노동자가 일자리를 구할 때 기업과의 관계에서 대등한 관계가 된다는 것은 몇 가지 전제 조건이 필요하다. 먼저 노동자가 기업이 제시하는 근로조건이 맞지 않으면 거부하고 다른 직장을 찾을 수 있을 정도로 좋은 일자리가 지속해서 창출되어야 한다. 좋은 일자리를 찾을 때까지 생계 걱정을 하지 않을 정도로 복지제도가 갖춰져야 한다. 그리고 또 다른 일자리로 옮겨갈 때 필요한 새로운 기술을 익힐 기회를 줘야 한다.

이런 사회가 되어야 비로소 노동자는 기업과 대등한 관계가 되어 기업이 나쁜 근로조건을 제시하면 거부하고 새로운 일자리를 찾을 수 있다. 당연히 기업은 근로자가 일하기 좋은 직장을 만들려고 최선의 노력을 다할 수밖에 없다. 만일 좋은 일자리가 부족하거나 당장 일하지 않으면 생계를 걱정해야 하는 사회라면 노동자는 기업이 제시하는 근로조건이 나빠도 취업할 수밖에 없다. 중소기업과 대기업의 관계에서도 마찬가지다. 대기업이 제시하는 조건이 마음에 들지 않아도 당장 생존 문제가 걸려 있으니 계약을 거부할 수가 없다. 이러한 현실이 개선되지 않는 한 대기업과 협력중소기업 간의 대등한 관계는 요원할 수밖에 없다.

경제민주화 사회란 기본적으로 좋은 일자리가 많은, 즉 중소기업이 강한 사회이고 사회안전망이 충분히 갖춰진 사회다. 그리고 과도한 경제력 집중이 존재하지 않는 경제사회며 노동권과 소비자 권리 등 공동체 구성원의 권리가 보장되는 사회다. 따라서 경제민주화는 동반성장을 뒷받침하는 수단이다. 이러한 경제민주화 사회를 조성하는 데 필요한 여러 가지 조건 중 먼저 해결해야 할 것은 경제력 집중 해소다. 소수 재벌과 대기업으로 경제력이 집중되는 한 중소기업, 노동자, 소비자들이 경제활동에서 선택할 수 있는 것들이 제한되고, 결국 재벌과 대기업의 불공정 행위에 순응하지 않을 수 없기 때문이다.

세상이 바뀌고 있다, 국민이 바뀌고 있다

동반성장에 반대한 재벌들이 아쉽게도 초과이익공유제가 공산주의나 사회주의 용어 아니냐는 혹독한 비판을 쏟아낸 뒤 우리 국민에게 보여준 것은 일감 몰아주기 같은 편법 상속 증여, 골목상권 잠식 등 재벌기업의 몸집과 위세에 전혀 걸맞지 않은 모습들뿐이었다. 그들은 비판을 받을 때마다 잘못을 시인하거나 반성하기는커녕 으름장만 놓았다.

"우리를 자꾸 귀찮게 하면 경기가 침체되어 일자리도 줄어들 거다."

보다 못해 대통령이 나서서 경고하니까 겨우 빵집 사업에서 손을 떼겠다고 했을 뿐이다. 물론 재벌총수들은 대통령의 경고나 현재 정치권에서 벌어지는 재벌개혁 논의에 눈 하나 깜짝 않는 여유를 보일지도 모른다. 워낙 경제, 정치, 언론 등 사회 전반에 걸친 영향력이 막강하다보니 말만 무성한 재벌개혁 논의 같은 것에는 전혀 신경을 쓰지 않을 수 있다. 부실재벌의 구조조정을 단행한 김대중 정부와 최초로 재벌개혁에 성공한 대통령이 되겠다던 노무현 정부 때가 오히려 좋았다는 재벌기업 관계자들의 말을 내 귀로 직접 들은 적도 있다. 여야를 막론하고 재벌 견제를 공공연하게 말하는 이 상황을 그들은 어떻게 생각할까?

'경제도 어려운데 우리가 투자하지 않으면 경제가 더욱 위축될 게 아닌가? 그렇게 되면 경제를 살리는 것이 먼저라면서 재벌개혁 따위는 아마 수면 아래로 쑥 들어갈 것이다'라고 생각할지도 모른다. '어차피 정권교체기에 장기투자를 서둘러 할 필요는 없다. 그러니 될 수 있는 대로 투자하지 않고 성장률이 1~2퍼센트로 나빠질 때를 기다리자. 그러다가 투자를 확대해달라고, 고용을 늘려달라고 정부가 우리에게 매달리는 시기가 오면 그때 가서 재벌개혁 논의는 접어달라는 조건으로 미뤄두었던 투자를 못 이기는 척 하면 된다'고 생각할 것이다. 역대 정권들이 경제가 어려워질 때마다 재벌총수들을 모아놓고 투자와 고용 확대를 구걸했으니 재벌총수들이 이런 생각을 할 것이라고 예상하는 것은 무리가 아니다.

그러나 재벌들은 지금 중요한 부분을 간과하고 있다. 세상이 달라지고 있다는 사실, 우리 국민이 달라지고 있다는 사실을 잘 모르는 것 같다. 이미 경제민주화와 동반성장은 시대정신으로 자리 잡았다. 설령 대선이 끝나 재벌과 관련한 논의가 지지부진해도 국민이 가만히 있지 않을 것이다. 우리는 그동안 시대정신을 외면하는 세력들의 몰락을 여러 번 지켜봤다.

과거의 패러다임, 그리고 달라진 세상

재벌들은 오래전부터 학계, 관계, 언론계, 여야 정치권 인사들을 마음대로 조종했다. 지금도 하고 있으며 앞으로도 얼마든지 조종할 수 있다는 오만한 생각을 하고 있다. 정치권력은 길어야 5년이지만 경제권력은 대를 이어 지속한다며 느긋해하는 것이다. 그러나 이제 학자, 관료, 언론인, 정치인들만 OK하면 되는 시대는 지나가고 있다. 국민이 OK해야 하는 시대가 온 것이다. 재벌들이 학자, 공무원, 정치인 다루듯 국민도 얼마든지 자기 입맛에 맞게 조종할 수 있다고 생각한다면 그것은 '시대착오'다.

재벌들은 학자, 관료, 언론인, 정치인들을 마음대로 주무르기 위해 다양한 형태로 금전적 보상을 제공해왔다. 지금 당장 건네지 않더라도 '앞으로 말을 잘 들으면 너에게도 베풀어줄 수 있다'는 뉘앙스만 은근히 흘려도 여론 주도자라는 사람들은 알아서 협력한다고 생각할 것이다. 이렇게 해서 길러진 친재벌적 인사들을 '재벌 장학생'이라고 한다. 재벌 장학생이 되려고 자발적으로 나서는 사람들도 많이 보았다.

그런데 재벌 장학생의 문제는 생각 이상으로 심각하다. 앞서 언급한 도요타 사태도 실은 일본 언론의 친재벌적 성향이 한몫했다는 평가가 있다. 일본 언론은 그동안 도요타야말로 가장 훌륭한 기업이라고 연일 포장해왔다. 하지만 그렇게 언론이 포장하는 동안에도 도요타는 상생을 파괴하는 일을 서슴지 않고 벌였다. 그럼에도 이런 문제는 보도되지 않았다. 그도 그럴 것이 도요타는 엄청난 광고비와 정경유착으로 언론의 입에 재갈을 물렸기 때문이다. 2007년 한 해만 해도 도요타는 광고비로 1,054억 엔을 지급했다고 한다. 그룹 전체로 확대하면 그 돈은 4,511억 엔이다. 우리 돈으로 각각 1조 원, 4조 원이 넘는 엄청난 액수다. 이런 돈의 세례를 받은 재벌 장학생들이 진실을 외면하니 도요타는 그들이 무슨 짓을 하는지도 모르고 관행을 고수했을 것이다.

그러나 재벌 장학생이 아무리 많다 하더라도 그들은 여전히 극소수일 뿐이다. 모든 국민을 재벌 장학생으로 만들기는 불가능하다. 온 국민의 마음을 그런 식으로 살 수는 없기 때문이다. 정부가 국민의 마음을 돈으로 사면 대중영합주의 정부가 되어 나라를 망친다. 기업이 그렇게 했다는 말은 들어본 적도 없다. 그렇게 하는데도 망하지 않을 기업은 이 세상에 하나도 없을 것이다.

우리 국민은 세계 금융위기 때 자신들이 어려운데도 대기업을 위해 막대한 규모의 법인세 감세를 허락해주었다. 경제개발 이후 지금까지 대기업의 공과에 대해서도 너그러이 평가해주는 국민이 아직도 많다. 국외에서 우리나라 재벌기업들의 광고를 만나면 마치 자기일처럼 좋아하는 이들이 바로 우리나라 사람들이다. 그만큼 우리 국민은 대기업에 대한 애정과 기대가 컸던 것이 사실이다. 하지만 이제 우리 국민은 재벌 대기업에 너그러울 수가 없다. 내 가족과 내 이웃이 대기업의 횡포에 눈물 흘려야 하는 현실 앞에서 자비를 베풀 수 있는 아량을 가진 사람은 그리 많지 않다. 우리나라 전체 기업의 99퍼센트가 중소기업이며 근로자의 88퍼센트가 중소기업에 다닌다. 그들이 곧 이 나라의 국민이고 시장의 주도권을 쥔 고객이다. 안타깝게도 대기업은 이 사실을 망각한 듯하다.

　국민의 마음을 얻고 싶다면 재벌들은 겸허한 자세로 시장규칙을 공정하게 준수하면 된다. 재벌들이 시장규칙의 공정성을 관행적으로 위반하고 그런 나쁜 관행을 고칠 생각은 전혀 하지 않으므로 동반성장위원회 같은 민간단체가 나서서 재벌들을 그 길로 인도해보겠다는 것 아닌가. 온 국민을 재벌 장학생으로 만들 자신이 없다면 지금이라도 재벌들은 동반성장에 적극 협조해야 한다. 초과이익공유 같은 작은 양보도 하지 않겠다고 나선다면 그것은 부자의 교만이다. 교만한 부자에게는 설 자리가 없는 법이다.

　국민이 없는 국가가 존재할 수 없듯이 고객이 없는 기업은 껍데기에 불과하다. 협력중소기업의 숨통을 조이고 골목상권을 장악하여 서민들의 삶의 터전을 흔들어놓는 재벌 대기업의 행태를 두고 국민은 이제 더는 특정 개별 기업과 몇몇 기업인의 부도덕함을 손가락질하는 것으로 끝나지 않는다. 사회적 책임경영과 나눔경영 등으로 상생의 모범을 보이는 착한 기업의 제품만 소비하는 착한 고객으로 변신하여 경제의 새로운 패러다임을 만들어가고 있다. 당장은 소극적으로 보일지 몰라도 결국엔 가장 강력한 저항임을 기업들은 깨닫게 될 것이다.

변화하는 것은 국민만이 아니다. 성장이라는 구호 아래 이제껏 재벌 대기업들의 보호막이 되었던 정치권에도 큰 변화가 일고 있다. 2007년 대선주자들의 공통된 화두는 '실용'이었다. 하지만 5년이 지난 뒤 대선주자들은 너나없이 '상생' '동반성장' '경제민주화' 같은 더불어 사는 삶을 이야기했다. 이는 갈수록 팍팍해지는 서민의 삶을 도외시한 '그들만의 성장'이 아닌 모두가 함께 성장하는 사회를 요구하는 새로운 시대정신의 반영이라 할 수 있다.

이러고도 자유시장경제인가?

오래된 습관을 버리기는 쉽지 않은 일이다. 확고한 의지 못지않게 하나하나 실천해나가는 실행도 뒤따라야 하고 원래 습관대로 되돌아가려는 고약한 유혹도 거뜬히 물리쳐야 한다. 개인의 습관 하나를 버리는 데도 이처럼 많은 노력이 필요하다. 이 사회의 오랜 관행을 깨고 모두가 동반성장하려면 더 많은 노력이 필요하다. 그럼에도 그 어떤 노력이나 실천 없이 변화만 기대하는 것은 참으로 얌체 같은 일이 아닐 수 없다. 같은 행동을 한다면 같은 결과밖에는 기대할 수 없다.

앞에서 끌어주고 뒤에서 밀어주어도 동반성장을 하기 위한 길이 쉽지 않을 텐데 의지마저 박약하니 그 길은 더욱 멀고 험난해 보인다. 나는 동반성장의 참 의미와 그 기대효과를 전국을 누비며 설명하고 다녔다. 하지만 대기업은 대기업대로 자신의 것을 잃을 것이 염려

되어 반발하고 정부 역시 미온적인 태도로 일관했다. 게다가 중소기업마저도 생사여탈권을 쥔 대기업에 주눅이 든 탓에 자신들의 문제에 적극 나서지 않았다. 상황이 이러니 동반성장하자는 외침은 그저 공허한 메아리일 뿐이었다.

동반성장위원회는 대기업과 중소기업 대표들이 모여 전문가들의 중재로 여러 가지 논의를 하는 구조였다. 그 자리에서 중소기업 대표들은 대기업의 눈치를 보느라 적어도 공개석상에서는 하고 싶은 말을 적극 하지 못했다. 나중에 대기업으로부터 어떤 보복을 당할지 모르기 때문이라고 했다. 대기업이든 중소기업이든 서로 정정당당하게 거래해야 할 텐데도 중소기업 대표들은 공포정치 속에서 사는 사람들처럼 주눅이 들고 위축되어 있었다. 오죽하면 '이런 것도 자유시장경제라고 말할 수 있는가'라는 회의가 들 정도였다. 재벌이 생사여탈권을 쥐고 있는 기업이라면 그 기업은 과연 자유경제에 속해 있다는 안정감을 가질 수 있을까? 이런 문화가 공공연한 사회가 진정 자유민주주의 사회라고 할 수 있을까?

중소기업들이 그런 자세로 임하는 상황에서 논의의 또 다른 당사자인 대기업들이 협조해주지 못하겠다고 물러서면 동반성장위원회의 활동은 결실을 보기가 불가능해질 수밖에 없다. 초과이익공유제라는 말이 부담스러우니 '협력이익배분제'로 바꾸라고 하기에 그렇게 하기로 했다. 그런데 대기업 대표들은 그 문제를 논의하는 자리에 두 번 연속 일제히 불참하여 회의를 보이콧했다. 그들에게 애초부터 명칭 같은 것은 중요하지 않았다. 그저 남과 더불어 성장하는 것이 싫었던 것이다.

상황이 이러하니 내가 할 수 있는 일이 더는 없었다. 대통령을 찾아가 예산이라도 좀 더 늘려달라고 건의했지만 아무 대답이 없었다. 동반성장위원회를 처음 만들 때는 대통령의 동반성장 의지가 나 못지않게 강하다고 생각했다. 그런데 1년 뒤에 와서 보니 그때와 전혀 딴판이었다. 동반성장이 필요하다는 것을 머리로는 알고 있지만, 처음부터 가슴에까지 담아둘 만큼 절실한 일은 아니었던 것 같다는 인상을 강하게 받았다. 재벌 대기업이 반대하고 정부도 도와주지 않으며 중소기업도 자신들의 문제에 적극 나서지 않는 여건에서 이런 식으로 하다간 시간만 허비하리라는 느낌마저 들었다.

개인적으로 그리고 우리 사회에 동반성장을 뿌리내리기 위해서라도 결단이 필요한 시기라는 판단이 들었다. 나는 동반성장위원회 위원장 자리에서 물러났다. 그리고 2012년 6월에는 동반성장연구소를 만들었다. 정부에 목을 매지 않고 완전히 자유로운 상태에서 동반성장을 연구하며 동반성장 문화를 확산해보겠다는 의도에서였다. 그곳에서 나는 동반성장의 새로운 꿈을 꾸기로 했다. 아무런 지원도 없이 허허벌판에 천막을 짓고 시작한 일이지만 희망마저 포기하지는 않았다. 동반성장은 이미 시대정신으로 자리 잡아 국민의 요구를 반영한 것이기 때문이다.

아직은 동반성장이 겨우 걸음마 수준에 있으나 그래도 나는 시대의 흐름이 동반성장을 요구한다고 굳게 믿고 있다. 머지않은 장래에 동반성장이 반드시 구체적인 결실을 거두게 되리라고 확신한다. 재벌기업들, 재벌을 옹호하는 학자들, 관료와 정치인들이 하나가 되어 동반성장에 반대했다. 하지만 그들도 시대의 흐름을 언제까지 거스르고만 있을 수는 없을 것으로 본다. 나는 동반성장을 실현하여 우리나라를 동반성장하는 사회로 바꿀 수만 있다면 어떤 역할도 마다하지 않을 각오가 되어 있다.

2장

함께 가야 멀리 간다

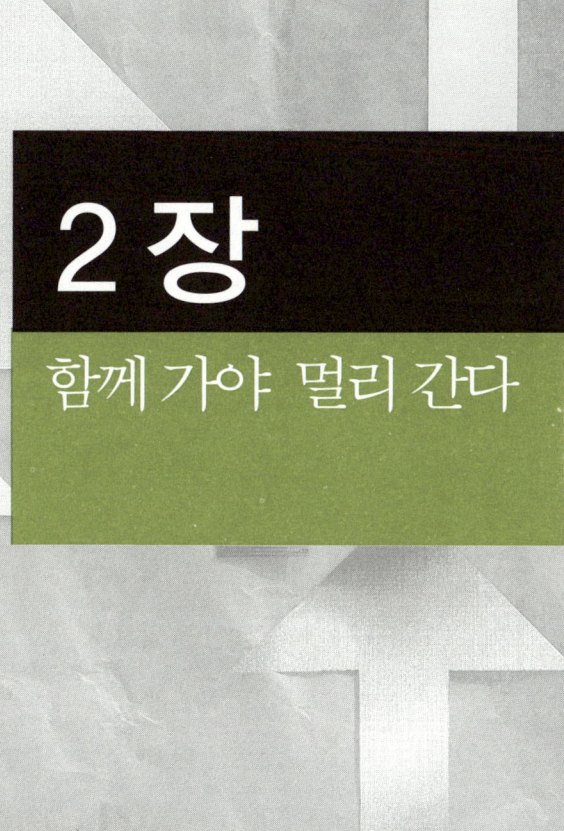

2만 달러 시대에 더 불행해진 사람들

행복은 과연 무엇일까? 지금 이 순간이 행복하냐고 물으면 얼마나 그렇다고 대답할 수 있을까? 국민소득 2만 달러 시대에 사는 5,000만 국민 중에서 행복하다고 느끼는 사람이 대체 몇이나 될까?

아랍 속담에 '탐욕과 행복은 한 번도 얼굴을 마주친 적이 없다'는 말이 있다. 탐욕을 추구하는 사람은 결코 행복해질 수 없다는 뜻이다. 그리고 탐욕과 행복이 함께할 수 없으니 탐욕스러운 사회일수록 행복은 찾아보기가 어렵다는 뜻도 된다. 그렇다면 우리 사회는 어떤가? 탐욕스러운 소수의 사람들 때문에 선량한 많은 사람의 행복이 사라져가고 있다.

요즘 뉴스나 신문을 보면 '신빈곤층'이라는 단어가 심심찮게 등장

한다. 신빈곤층이란 경제위기, 경기침체 등으로 사회적 중산층이 무너져 새롭게 형성된 빈곤층을 의미하는 신조어다. 하지만 그들은 최하위 빈곤층과 같이 기초생활보호를 받고 있는 것은 아니기 때문에 당장 생계를 위협받을 정도로 큰 어려움을 겪고 있다. 게다가 우리나라는 실업의 증가 등으로 이러한 신빈곤층의 수가 갈수록 늘어나는 추세라 이 때문에 파생되는 여러 사회 문제들에 대한 대책 또한 시급한 상황이다.

청년들은 눈높이에 맞는 일자리가 부족해 취업난에 시달리고, 장년들은 과다한 가계 빚과 해고 불안으로 행복하지 않다. 또 베이비붐 세대는 이미 노후를 의지할 재산도 충분히 쌓아놓지 못한 상태로 은퇴하기 시작했다. 경제적인 이유 때문에 자살하는 사람과 이혼하는 사람도 늘었다. 아무 걱정 없이 살 수 있는 사람들은 극소수에 불과하다. 국민은 대부분 불안과 걱정에 불행해하며 살고 있다. 물론 가난하다고 해서 반드시 불행한 것은 아니다. 그러나 개인의 행복을 유지하는 데 경제적 요인이 핵심 요소임은 부인할 수 없는 사실이다.

대책을 세우기 위해서는 원인을 제대로 들여다볼 필요가 있다. 2008년 글로벌 금융위기로 촉발된 한국의 경제위기는 1차적으로 주가와 환율의 급변동으로 나타났다. 이제 그것이 부동산 거품 붕괴와 가계발 금융부실 및 건설업의 위기 가능성, 그리고 세계 경기침체에 따른 조선·자동차산업 등에서의 수출경기 둔화와 전반적인 내수침체로 이어지고 있다. 어찌 보면 한국경제의 위기는 순전히 외부에서 비롯된 것 같다. 물론 밖에서 온 충격에 기인한 부분도 크고 여기에 잘 대처하지 못해서 정책이 신뢰를 잃는 바람에 환율 같은 변수들의 불안정성이 커진 측면도 있다. 그러나 한국에서도 미국과 유사한 뿌리 깊은 문제들이 발견된다. 한국에서도 부동산 가격이 급등했고 돈을 빌려서 투기에 뛰어든 사람이 아주 많았다. 경제위기 이후 부동산 가격이 미국보다는 덜 떨어졌지만 가격이 크게 하락한 아파트들을 쉽게 찾아볼 수 있다.

2006년 가을을 떠올려보면 우리나라에서도 투기가 얼마나 심했는지 잘 알 수 있다. 일반적으로 사람들이 그 집이 주는 서비스보다 집값이 앞으로 더 오를 것 같아서 집을 산다면 그것은 투기라고 보아도 좋을 것이다. 당시에 멀쩡히 잘 살던 사람들이 돈을 빌려다 자기 소득보다 터무니없이 높은 가격에 집을 샀다. 그들은 지금 한 달에 100만 원, 200만 원씩 이자를 내느라 삶의 질이 크게 떨어져 있다. 만일 그들이 경기침체로 실직이라도 하는 날이면 이들에게 돈을 빌려준 금융기관들도 덩달아 위험해질 수밖에 없다.

그러면 우리나라에서는 경제 구조가 건전했음에도 이런 투기가 일어난 것일까? 물론 그렇지 않다. 1997년 IMF 외환위기 이후 우리나라에서도 미국처럼 경제의 양극화가 급속히 진행되었다. 소득분배는 지속적으로 악화되었고 경제 구조의 갖가지 불균형은 날로 심화되었다. 우리나라의 중산층과 저소득층도 미국인들과 마찬가지로 고소득층의 소비를 따라잡으려 애썼다. 좀 더 좋은 아파트에 살고 싶고 차도 한 대 갖고 싶고 아이를 좋은 학원에 보내고 싶은 것은 인간으로서는 어쩔 수 없는 욕망일 것이다. 문제는 이러한 욕망을 소득이 뒷받침하지 못했다는 데 있다. 그래서 저축을 줄이고 나아가 빚을 내서 돈을 쓰기 시작한 것이다.

물론 이러한 현상에 대해 자신의 소득을 고려하지 않은 채 소비를 조절하지 못한 개개인에게 그 원인을 돌릴 수도 있다. 하지만 1인당 국민소득 2만 달러의 팡파르를 울리며 마치 우리나라 국민 전체가 부자가 된 것처럼 혼란을 준 정부나 언론의 탓도 크다. 그리고 더욱 중요한 것은 '넌 가난하니 네 분수에 맞게 살라'고 말하기 이전에 모두가 함께 부자가 될 수 있는 사회구조를 확립하려는 노력을 얼마나 했는지도 따져보아야 한다.

중산층이 무너진다

사람의 몸에서 허리는 매우 중요하다. 몸을 지탱할 뿐만 아니라 힘을 쓸 때도 허리가 받쳐줘야 제대로 기운을 낼 수 있다. 허리가 부실한 사람은 그 어떤 일도 제대로 못한다. 노동뿐만 아니라 책상 앞에 앉아 있는 것도, 가만히 서 있는 것도 고통스럽다. 허리가 좋지 않으면 결국 온몸이 고생하고 힘들어진다.

한 사회의 건강과 행복도 허리에 해당하는 중산층의 상태에 달려 있다. 두터운 중산층이야말로 사회를 유지하는 기둥이다. 중산층 없이 부자들과 극빈층만 존재한다면 그 사회는 기둥 없는 집과 같아서 곧 무너진다. 중산층이 튼튼하고 견실해야 사회가 발전한다. 『포브스』가 발표한 세계 100대 갑부 명단을 보면, 세계 2위의 부자는 멕

시코 사람이고 세계 10위 안에 인도 사람이 네 명이나 있다. 그러나 이들 나라의 경제 구조가 견실하다고 믿는 사람은 별로 없다. 중산층이 안정적으로 기둥 역할을 해주지 못하는 나라에서는 마치 우리 몸의 피돌기가 꽉 막히듯이 경제의 흐름이 단절되면서 사회 구석구석에 병이 생기고 결국에는 전체가 병들어 쓰러질 수도 있다. 따라서 한 사회의 행복 척도를 알려면 중산층의 숫자를 주목하라고 한다. 능력껏 일하고 정당한 대가를 받아 개인과 가족의 행복에 많은 시간을 투자할 수 있는 계층이 바로 중산층이기 때문이다. 가장 이상적인 사회는 마름모꼴이다. 상위층과 하위층이 소수 있고, 중간층이 가장 많은 사회가 가장 안정적이고 행복이 가득한 공동체라는 것이다.

경제강국은 대부분 중산층이 두텁다는 공통점이 있다. 그런데 우리나라의 중산층은 지금 붕괴 위기에 놓여 있다. 우리나라 가계의 건전성은 이미 위험수위에 와 있다고 해도 지나친 말이 아니다. 1999년에만 해도 우리나라 개인의 순저축률은 15퍼센트를 넘었지만, 2007년에는 이 수치가 2.3퍼센트로 떨어졌다. 모든 계층을 평균한 수치이므로 저소득층은 저축이 사실상 마이너스라고 보는 것이 맞을 것이다.

돌이켜보면 처음에는 신용카드를 매개로 저소득층이 빚의 늪에 빠져들더니 다음에는 주택담보대출을 매개로 중산층까지도 빚의 멍에를 짊어지게 되었다. 빚으로 생존에 필요한 소비를 하는 것은 어쩔 수 없었다치더라도 빚을 내서 자산을 사는 것은 위험하기 짝이 없는 일이다. 미국의 투자은행들이 왜 망했겠는가? 빚을 내서 위험한 자산에 투자하다가 망한 것이 아니겠는가? 하물며 투자 전문가도 아닌 일반 가계가 이러한 일에 손을 대고 말았으니 아찔하기 짝이 없는 일이다.

이대로 가다가는 중산층 붕괴가 가속화될 수밖에 없다. 지금 우리나라 가계들은 미국보다 더 많은 이자비용을 내고 있고 소득보다 더 많은 빚을 지고 있다. 미국의 서브프라임 모기지 문제가 저소득층을 위주로 했던 것과 달리 우리는 대부분 중산층이 주체가 되었기 때문에 그나마 근근이 버티고 있다. 하지만 경제의 근간이 되는 중산층의 소득 흐름에 충격이 와서 원리금을 연체하다가 부실해지면 금융권도 함께 위험해지는 상황이 되고 만다.

지난 IMF 외환위기 이후 우리나라의 기업들, 특히 대기업들은 부채를 많이 쓰지 않고 재무건전성을 높이는 방향으로 경영했다. 한 번 크게 혼이 난 후 교훈을 얻었을 것이다. 그러나 다음 위기가 반드시 똑같은 자리에서 발생하는 것은 아니다. 이번에는 가계가 문제가 된 것이다. 가계부실 문제는 가계소득의 원천이라 할 수 있는 일자리 문제와도 관련이 깊다. 가계가 괜찮은 일자리를 가질 수 있고 또 이를 잘 유지할 수 있었다면 애당초 문제가 이렇게 심각해지지 않았을지도 모른다. 그러나 우리나라는 외환위기 이후 수출 대기업 위주의 경제운용에 몰입했다. 그러다보니 중소기업과 자영업 부문은 크게 위축되고 말았다.

이들 중소기업과 자영업 부문은 주로 내수에 의존한다. 정부는 수출 대기업의 성과가 아래로 흘러넘치는 낙수효과를 통해 내수도 활성화되고, 중소기업과 자영업 부문도 성장의 혜택을 누릴 수 있을 것으로 기대했다. 그러나 경제의 세계화가 진행되면서 국내 산업연관 구조가 단절되는 바람에 수출과 내수 간에 그리고 대기업과 중소기업 간에 경기도 양극화되고 일자리도 양극화되었다. 이것이 중산층과 서민층의 가계를 부실하게 만든 근본 원인이다. 요즘 중소기업 사장들과 자영업자들은 IMF 외환위기 때보다도 더 어렵다고 하소연한다. 경제가 양극화되고 중산층이 무너지고 내수가 위축된 결과다.

물론 외환 때문에 데었으니 외화를 모으기 위해 수출 대기업 중심으로 경제를 운용하는 것은 어쩔 수 없었다고 변명할 수 있다. 그러나 내수 기반을 확충하고 중소기업을 튼튼히 한다고 해서 외화를 모으지 못하는 것도 아니다. 독일이나 일본은 내수와 중소기업이 우리보다 훨씬 튼튼하면서도 막대한 경상수지 흑자를 보고 있지 않은가.

문제는 그나마 성장동력으로 기능했던 수출산업까지도 이제는 어려움에 부딪히게 되었다는 점이다. 최근 세계 금융위기가 확산됨에 따라 미국, 일본, EU 등 선진국은 물론 2000년대 이후 우리나라의 최대 수출시장으로 부상한 중국과 동남아 국가들의 경제도 급속히 냉각되고 있다. 전기전자, 자동차, 철강, 조선, 석유화학 등 우리나라의 대표적인 수출산업이 모두 심각한 침체국면에 빠질 수밖에 없는 상황이다.

앞서 말했듯이 전 세계 200여 국가 중에서 우리나라와 같이 인구가 5,000만 명 이상이면서 우리나라보다 1인당 국민소득이 높은 나라는 여섯 나라뿐이다. 미국, 일본, 독일, 영국, 프랑스, 이탈리아 등 그야말로 경제강국들뿐이다. 그렇게 보면 우리나라를 아주 힘없고 작은 나라라고 할 수만은 없다. 그런데 규모가 이런 정도인 나라가 이처럼 내수기반이 부실하고 대외충격에 취약하다는 것은 심각한 문제가 아닐 수 없다. 이 정도 규모의 나라에서 수출이 GDP의 50퍼센트를 훨씬 넘는다는 것은 나라 경제가 세계경기에 지나치게 베팅을 한 것이라고 해도 크게 틀린 말은 아닐 것이다.

흔히 현재 한국경제의 체질은 1997년 IMF 외환위기 때와는 다르다고들 한다. 물론 많은 면에서 다르다. 외환위기 때는 대기업과 금융기관의 부실이 원인으로 작용했지만, 지금 우리나라 대기업과 금융기관의 재무상태는 그때와는 비교할 수 없을 정도로 좋아졌다. 그러나 이 과정에서 또 다른 문제들이 생겨나고 만 것이다. 어떤 측면에서는 오히려 한국경제가 외환위기 때에 못지않은, 아니 그때보다 더 심각한 구조적 문제에 봉착했다고 보아야 할 것이다.

결국 우리나라는 경제 양극화와 대외 의존성 심화에 따라 중산층과 중소기업의 기반이 무너지고, 그것이 가계의 부실을 가져와 경제위기의 뇌관이 되어버린 상황에 부딪혀 있다고 볼 수 있다. 아직까지는 우리가 이름을 알지 못하는 수많은 자영업자와 중소기업의 부실이 수면 위로 올라온 상황이지만, 우리가 지금부터라도 현명하게 대처하지 못한다면 어느 순간에 우리가 이름을 익히 아는 대기업과 금융기관의 부실이 현실화될 수도 있다. 가계부실과 건설업·조선업 등의 기업부실이 금융부실을 낳고, 금융부실이 실물부문 위축을 수반하는 악순환의 가능성이 있는 상황이다.

이미 한국사회는 커다란 탐욕의 물결이 휩쓸고 지나갔다. 그래서 남은 것은 양극화와 중산층의 몰락, 가계의 붕괴라는 참담한 불행뿐이다. 어제도, 오늘도 연일 생계 문제 때문에 자식을 죽이고 자살하고 분유를 훔치고 묻지 마 범죄를 저지른다는 끔찍한 소식이 들려온다. 이런 사회에서 행복은 도대체 어디에 있는 것일까? 행복보다 불행이, 더불어 성장하는 것보다 탐욕이 판치는 사회는 바뀌어야 한다. 그러나 그것은 모든 것을 뒤엎자는 것이 아니다. 모두가 같이 누릴 수 있는 행복의 집을 함께 짓자는 것이다. 그동안 부모는 물론 동생들이 큰아들을 출세시키느라 뼈 빠지게 고생하고 빚까지 졌으니 이제는 큰아들이 가정을 돌보라는 것이다. 그래야 동생들도 원래 자신이 가지고 있던 능력이 무엇인지, 꿈이 무엇인지를 알고 스스로 행복을 찾으러 갈 게 아닌가 말이다.

늪에 빠진 사람들

현재 우리 사회가 안고 있는 여러 가지 경제문제가 그 모습을 드러낸 것은 2004~2005년경이다. 이때는 수출이 잘되는데도 내수가 따라주지 않아 성장률이 높아지지 않던 첫해였다. 투자와 내수가 부진하니 좋은 일자리가 만들어지지 못하고 청년 실업률이 낮아지지 않았다. 또 가계소득이 늘어나지 않았다. 소득이 늘어나지 않으니 가계부채가 엄청나게 늘어났다. 게다가 이런 문제들은 서로가 서로에게 악영향을 주었다. 가계부채가 너무 많으니 소비가 제대로 이루어지지 않아 내수가 살아나지 못하고, 내수가 살아나지 못하니 투자가 늘어나지 않는 식이었다. 이런 문제들은 결국 양극화 심화와 성장둔화로 요약할 수 있다.

그 이후 정부는 각각의 문제에 대한 대응책을 내놓았다. 내수가 부진하니 내수 진작 대책을 내놓았고, 일자리가 늘어나지 않으니 일자리 대책을 내놓았다. 청년 일자리 대책은 별도로 여러 가지가 나왔다. 가계부채가 위험수위에 이르니 가계부채 대책이 나왔으며, 양극화가 심해지니 양극화 대책이 나왔다. 그러나 이런 문제들은 그 후 10년 가까운 시간이 지났지만 아직 그 어느 하나도 속 시원하게 해결되지 않았다. 오히려 이들 문제점의 대부분은 시간이 갈수록 점점 악화되고 있다. 이것들이 정말 난공불락의 난제였기 때문이 아니라 정부의 대책이 문제의 핵심을 짚어내지 못한 채 단편적이고 대중적이었기 때문이다.

먹고사는 문제가 해결되기는커녕 갈수록 늪에 빠지듯 문제가 심각해지자 국민의 삶 곳곳에서 파열음이 발생했다. 특히 청년들의 삶은 절망의 그림자가 너무나 짙게 드리워져 있다. 일자리가 늘어나지 않고 가계소득이 늘지 않자 결혼은 사치로까지 여겨져 평균 결혼 연령도 늦춰지고 있다. 평생 아르바이트를 하며 비정규직으로 살 것 같은 불안감에 사랑하는 감정까지도 스스로 제어하고 있다고 한다. 청년들이 결혼을 미루면서 이는 출산율 저하로 이어지고 있다. 이제 우리나라는 세계에서 출산율이 가장 낮은 나라가 되었다. 초등학생 숫자는 자꾸 줄어들고 혼자 사는 단독가구의 비중이 늘어났다. 이른바 취업, 결혼, 출산을 포기해야만 한다고 해서 '3포 세대'로 불리는 이 나라의 청년들은 희망보다 절망이 더 가깝게 느껴진다.

경제 양극화는 행복보다 불행이, 희망보다 절망이 더 친숙하게 느껴질 만큼 국민의 심성마저 피폐하게 만들었다. 늘어나는 빚과 생계부담에 자살 같은 극단적인 선택을 하는 사람들의 뉴스는 이제 뉴스가 아니다. 가정폭력이나 이혼 등으로 가정이 파괴되는 일도 급격히 늘었다. 공부만이 살길이라며 학생들은 밤낮으로 학교와 학원을 오가고 청년들은 치열한 경쟁에 내몰리면서 자신을 불행하다고 여기며 살고 있다. 불행한 것은 젊은이들만이 아니다. 우리나라 노인들도 다른 나라 노인들보다 훨씬 더 불행하다. 10만 명당 노인 자살률이 미국은 14명이고 자살이 많다는 일본도 18명 정도인데 우리나라는 무려 82명이라고 한다. 전국에 독거노인은 104만 명이고 고독사하는, 다시 말해 생의 마지막 순간에 주변에 아무도 없이 혼자 생을 마감하는 노인들은 매년 450명에 달한다.

공동체의 가장 기본인 가정에 대한 관념도 10여 년 전보다 몰라보게 달라졌다. 통계청이 조사한 사회동향을 보면 '자녀가 부모를 부양해야 한다'에 동의하는 사람은 1998년 조사에서는 10명 중 9명이었으나 2011년 조사에서는 10명 중 3명을 약간 웃도는 수준에 불과했다. 얼마 전 한국여성정책연구원이 조사한 바로는, 현재 우리나라 사람들이 2030년 가장 희망하는 가족형태는 '부모부양이 필요 없는' 것이라고 응답했다고 한다.

이는 너무도 충격적인 일이 아닐 수 없다. 이것이 과연 한국사회에서 나온 통계가 맞는가 싶을 정도로 불과 10여 년 사이에 엄청난 가치관의 변화가 일어난 것이다. 전통적으로 효도를 중시하던 우리나라가 어쩌다가 이 지경이 되었을까? 효와 같이 중요한 덕목을 등한시한다고 나무라는 것이 아니다. 내 부모마저도 나 몰라라 하는 '불효'의 배경에는 경제적 궁핍이 크게 작용하고 있다는 것을 지적하는 것이다. 1인당 소득이 2만 달러이고 신용등급이 일본보다 높아졌다지만 우리 국민이 과연 옛날보다 행복해졌다고 할 수 있는가?

물론 이러한 사회 변화가 모두 경제문제에서 기인한 것은 아니다. 게다가 지난 시절보다 지금 우리 경제가 훨씬 부유하게 된 것도 사실이다. 그러나 경제적으로 궁지에 내몰린 사람들은 아직도 없어지지 않았다. 옛말에도 의식衣食이 풍족해야 예의를 안다고 했다. 가정을 유지하는 데에도 어느 정도 경제력은 필요하다. 돈을 벌 길이 막막해진 사람들 가운데는 결국 자살이나 이혼을 택하는 이들이 많다. 또 늙으신 부모님 가운데는 자식에게 경제적 부담이 되지 않으려고 극단적인 선택을 하는 경우가 있지 않은가?

이처럼 우리 사회가 안고 있는 많은 불행의 근저에는 '돈'이 그 원인으로 크게 자리하고 있음은 부인할 수 없는 사실이다. 먹고사는 문제를 등한시하고 희망과 철학을 이야기하는 것이 무슨 의미가 있겠는가. 기본적인 의식주가 해결되어야 도전과 희망을 꿈꿀 수 있다. 지금 청년들이 도전의식이 부족하고 희망적이지 못하다고 질타하는 것은 어찌 보면 무책임한 짓이다. 최소한의 생존을 보장해줘야 균열된 삶을 복원할 수 있다. 따라서 이 사회의 불행을 치유하는 방법은 경제문제를 해결하는 것으로 첫 단추를 끼울 수 있다.

예를 들어 우리나라 고용의 대부분을 담당하고 있는 중소기업이 지금보다 훨씬 강해져서 대기업 못지않은 월급과 비전을 주고 좋은 일자리가 넘쳐나는 경제를 상상해보자. 그런 경제에서 우리 청소년들은 굳이 공무원이 되거나 대기업에 취직하지 않아도 남부럽지 않게 먹고살 수 있다.

그런 환경이라면 우리 청소년들은 지금처럼 대학 졸업장을 따고 쓸데없는 자격조건을 쌓기 위해 매일 거의 24시간을 스트레스 속에서 살지 않아도 된다. 게다가 직장이 안정적이니 결혼이나 자녀 계획도 더욱 적극적으로 펼칠 수 있다. 노동인구가 늘어나니 노인들에 대한 사회적 지원도 늘어날 것이며, 극빈층에 대한 복지 또한 더욱 확대될 수 있다. 중소기업을 튼튼하게 하는 것만으로도 다양한 사회문제가 한 번에 해결될 수 있는 물꼬를 틀 수 있다.

절망에 빠진 이 나라의 청년들에게 절망하지 말라고 말하고 싶다. 교수 출신으로서, 국정을 이끌었던 사람으로서 절망보다 희망을 이야기하고 싶다.

"절망하지 마라. 설령 너의 형편이 절망하지 않을 수 없을지라도 절망은 하지 마라. 이미 끝장이 난 듯해도 결국 또 새로운 힘이 생겨나는 것이다."

카프카가 한 말이다. 나는 포기하지 않고 새로운 힘, 즉 도전과 꿈을 꾸라고 격려하고 싶다. 그러나 최소한 먹고사는 문제가 해결될 때에만 이 격려가 힘이 되리라고 생각한다. 이 문제마저도 청년들에게 해결하라고 하는 것은 너무나 염치없는 짓이지 않은가?

고속성장의 기적과
코리안 드림은 끝났다

건물이란 건물은 죄다 무너진 폐허의 나라, 일해야 할 건장한 남자 중에서 많은 이가 불구가 되거나 목숨을 버려야만 했던 나라, 돌아오지 않는 남편과 아비를 기다리며 아내와 아이들이 끼니 걱정을 해야 했던 나라, 게다가 원체 가진 것도 없는 신세라서 도저히 나라꼴을 갖추지 못하리라는 비관적인 전망이 정설로 굳어진 나라, 그 나라의 이름은 6·25전쟁으로 전 국토가 너덜너덜해진 대한민국이었다.

6·25전쟁으로 완전히 폐허가 된 우리 경제는 누가 봐도 회생불능이었다. 400만 명 이상이 목숨을 잃었다. 서울은 제대로 된 건물을 찾아보기 어려웠다. 고아와 난민들이 사랑하는 가족을 찾아 도시와 농촌을 헤맸으며 사회 기반 시설은 심각하게 파괴되었다. 그 후

1950년대 내내 한국경제는 연간 3퍼센트라는 무기력한 속도로 성장했다. 하지만 1960년대부터 한국은 전쟁의 참화를 극복하고 상승하기 시작했다. 그 후 40여 년 동안 한국은 평균 경제성장률 8퍼센트라는 경이적인 기록을 세웠다. 1957년 67달러에 불과했던 1인당 GDP가 이제는 2만 달러 이상에 이르렀고 GDP 1조 달러 규모의 경제강국이 되었다. 그리고 2011년에 우리나라는 세계에서 아홉 번째로 무역 1조 달러 달성에 성공했고 수출규모 7위의 위치에 올라섰다.

어디 그뿐인가. 2012년 6월에 우리나라 인구가 5,000만 명을 돌파하면서 인구가 5,000만 명 이상인 나라 가운데 1인당 GDP가 2만 달러 이상인 나라, 소위 '50-20클럽'에 가입한 일곱 번째 국가가 되었다. 우리보다 먼저 가입한 미국, 일본, 독일, 영국, 프랑스, 이탈리아는 과거 자신의 역사 중 한때 제국의 위치에 있었거나 현재 세계를 이끌고 있는 나라들이다. 엄청난 규모의 인적·물적 자원을 동원하여 조직하고 관리해본 경험이 있는 나라라는 뜻이다. 역사상 그렇게 해보지 못했던 나라 가운데 50-20클럽에 가입한 나라는 우리가 처음이다.

2010년에는 G20 의장국으로서 G20 정상회의를 우리나라에서 개최했다. 또 삼성, LG, 현대 등 세계적 기업들이 눈부신 성공을 거두고 있다. 세계는 지금 문화, 예술, 스포츠 각 방면에서 한국인이 이룬 성적과 아시아를 넘어 세계로 퍼져나가는 한류라는 새로운 트렌드에 놀라워하고 있다.

그리고 얼마 전에는 세계적 신용평가기관인 피치사가 우리나라의 신용등급을 A+에서 AA-로 한 단계 올려 일본과 중국보다도 신용등급이 높은 나라가 되었다. IMF 외환위기로 국가부도의 위험이 눈앞에 닥쳐 헤맬 때가 바로 엊그제의 일이었으니 한강의 기적은 우연한 일이 아니었던 것이다.

세계지도를 펼쳐놓고 보면 한반도는 정말로 조그만 땅에 지나지 않는다. 게다가 우리나라는 그것의 절반밖에는 차지하지 않았다. 그럼에도 이러한 기적과도 같은 성과를 거둘 수 있었던 것은 온 국민이 노력한 덕분이다. 충분히 자부심을 느낄 만한 역사를 만들어왔고 또 그 저력을 의심치 않는다. 하지만 안락한 의자에 앉아 샴페인을 마시고 있기엔 하루하루가 급변하고 있다. 세계 경제위기는 끝난 게 아니라 여전히 진행 중이다. 그보다 더 심각한 것은 우리 사회와 경제의 체질이 과연 이러한 위기를 극복할 수 있느냐는 것이다.

지금까지 성공했다고 해서 앞으로도 그럴 것이란 순진한 생각을 하기엔 나라 안팎으로 변화와 위기의 파고가 너무나 거세다. 총력을 기울여도 거센 파도를 넘기가 어려운 판에 독주하는 재벌과 양극화의 갈등은 자꾸만 성장의 발목을 잡는다. 함께하지 못하면 우리 경제의 성취는 여기까지다. 모두의 손을 움켜쥐고 함께 나아가지 않는다면 더는 기적을 기대할 수 없다.

국민소득 2만 달러를 달성했다며 환호의 샴페인을 터뜨린 것이 언제인데 우리나라는 몇 년 동안 성장이 제자리걸음이다. 이웃 나라인 중국의 급부상과 비교하면 더 초라하다. 얼마 전까지만 해도 중국은 낮은 임금과 값싼 상품으로 경쟁하는 후진국이라고 얕봤다. 그런데 지금은 어떤가? 세계 최대 경제규모를 자랑하는 미국을 머지않아 추월할 기세다. 이에 반해 우리나라는 이렇다 할 성장동력이 없어 퇴보의 기미마저 보이고 있다. 몇몇 대기업 위주의 경제 구조는 동맥경화에 걸린 양 세계경제에 대응을 제대로 하지 못하고 있다. 사상 최대의 영업이익을 남겼다는 대기업의 실적 보고는 그들만의 잔치일 뿐 다수 중소기업과 국민이 체감하는 경제는 참담할 뿐이다.

OECD가 2011년 11월에 내놓은 보고서를 보면, 우리나라의 경제성장률은 앞으로 50년 안에 1퍼센트로 추락할 것이라고 한다. 반면 중국은 머지 않아 미국을 따라잡을 것이라고 전망하고 있다. 중국이 이미 세계 1위의 수출대국이자 외환보유국가, 세계 2위의 경제 대국이라는 타이틀을 거머쥐고 있기 때문에 OECD의 예측은 예사롭지 않다.

중국의 급부상은 개혁개방 이후 30여 년 동안 풍부한 자원과 저임금을 바탕으로 한 가격 경쟁력의 우위 덕분이다. 중국이 본격적으로 세계 시장에 가격 경쟁력을 들고 나오자 우리나라의 기업들은 많은 타격을 받았다. 우리나라도 상대적으로 낮은 가격을 승부수로 삼아 세계 시장에 진출하고 있었으니 막강한 라이벌을 만난 셈이다. 그러나 그동안 고도로 발전한 우리나라의 경제 구조로는 가격 경쟁력으로 중국을 이겨낼 수 없었다. 저임금 모델은 이제 우리나라 경제 구조가 수용할 수 없는 과거의 무기였다. 생활수준과 경제력이 높아졌는데 다시 임금을 중국 수준에 맞출 수는 없는 노릇이지 않은가.

중국의 급부상이 확연하게 드러나자 우리나라에서는 가격 경쟁력이 아닌 새로운 경쟁력으로 위기에 대응해야 한다는 목소리가 갈수록 높아졌다. 그만큼 저임금 모델을 통한 가격 경쟁력 우위 확보 전략은 중국에 빼앗겼다는 뜻이기도 하다. 그보다 더 심각한 것은 중국도 이제 저임금 모델의 가격 경쟁력에서 탈피해 고부가가치의 산업구조로 재편하고 있다는 사실이다.

중국은 과거에 기업을 유치하기 위해 끌어들였던 사양산업을 시장에서 퇴출시키고 있다. 중국은 2011년에 '12차 5개년 계획'을 통해 산업구조 조정과 발전전략을 제시하면서 고부가가치와 친환경, 에너지 관련 산업구조로 바꾸겠다는 야심 찬 목표를 밝혔다. 그리고 그 이전부터 중국은 새장을 들어 새를 바꾼다는 뜻의 '등롱환조騰籠換鳥'를 주창하며 사양산업의 구조조정과 저임금 모델 탈피를 적극 꾀하고 있었다.

우리나라에서는 아주머니들의 인건비가 비싸서 중국에 공장을 세웠던 회사들은 이제 그곳에서도 버틸 수 없게 되었다. 글로벌 기업의 아래도급업체가 한국에서 중국과 동남아로 이전한 것은 오래되었다. 그 과정에서 한국이 그토록 경쟁력이 있다고 자랑하던 신발과 섬유 등의 산업은 사양길로 접어들었다. 그리고 이제는 디지털, 우주항공 분야, 에너지 등 고부가가치 산업에서도 중국에 밀리거나 조만간 사투를 벌여야 할 지경에 이르렀다.

기존의 패러다임이 통하지 않는다면 이를 전환하면 된다. 기적을 바랄 수 없다면 노력으로 만회하면 된다. 노력은 기적의 또 다른 이름이라고 하지 않던가. 발목이 묶인 한국경제를 재도약시키고 선진국으로 진입하기 위해서는 새로운 성장동력을 적극 창출해내야 한다. 그 성장동력을 찾기 위한 노력은 몇몇 대기업과 정부의 힘만으로는 어렵다. 산업 분야, 기업규모, 재계와 학계를 막론해 지혜를 모으고 미래전략을 수립해야 한다. 이를 위해 필요한 것이 동반성장이다. 미래전략을 수립하는 과정이 서로 협력을 도모하는 것이기에 이 또한 동반성장의 과정이다.

해도 안되는 시대가 왔다

과거 대한민국의 초고속성장은 어떻게 가능했을까? 이와 관련해 수많은 연구가 이뤄졌고 주장들이 많지만 나는 무엇보다도 한국인 특유의 정신, '하면 된다!'는 자신감을 꼽고 싶다. 엄청난 속도로 진행된 산업화 과정에서 많은 한국인은 자신, 가족, 사회를 위해 가혹할 정도로 노력했다. 이를 통해 한국은 가난에서 벗어나 현대사회의 기틀을 마련할 수 있었다. 일이 있는 곳이라면 한국 젊은이들은 어느 곳도 마다하지 않았다. 1960년대에 많은 젊은이가 당시 서독에서 광부와 간호사로서 그들의 몫을 묵묵히 해냈다. 한국 이민자들의 근면에 감명받은 독일 정부는 한국에 대규모 차관을 약속하기도 했다. 1970년대 중동에서 건설 붐이 일었을 때 많은 한국 건설 노동자가 중동을 찾았다. 한국에 남은 가족은 이들이 벌어들인 수입으로 생계를 유지하고 아이들을 대학에 보낼 수 있었다.

그뿐만 아니다. 한국인 특유의 '하면 된다!'는 자신감은 대한민국의 민주화 과정에서도 두드러지게 나타났다. 대한민국의 민주화는 결코 쉽게 이루어지지 않았다. 한때 일부 외국의 언론은 '한국에서 민주주의가 꽃피길 기다리는 것은 마치 쓰레기통에서 장미꽃이 피기를 바라는 것과 같다'는 표현을 했다. 그만큼 한국은 경제 발전과 민주주의라는 두 마리 토끼를 동시에 쫓으면서 더 많은 도전과 시련을 극복해나가야만 했다.

너무나도 힘겨웠던 과정을 극복한 결과로 얻은 눈부신 성과에 감사하고 기뻐해야 마땅하다. 하지만 마냥 그럴 수만은 없는 것은 이러한 빛의 반대편에 드리워진 어둠의 그늘이 너무나 짙기 때문이다. 오죽하면 찬란한 빛의 중심에 서 있는 그들을 향해 어둠 속의 사람들이 '그들만의 잔치'라는 조소를 보냈을까.

많은 사람이 지금 우리 앞에 펼쳐진 전혀 다른 또 하나의 현실에 당황하고 있다. 기업투자 감소, 실업 증대, 경제성장률 하락은 어제 오늘의 이야기가 아니다. 우리나라의 중산층은 증가하는 사교육비와 부동산 가격, 불안한 고용과 취약한 사회안전망에 고통받고 있다. 주택의 자가보유율은 50퍼센트 수준에서 옆걸음질하고 40~50대 가장의 절반이 노후 준비가 되어 있지 않다. 국민연금을 내지 못하거나 안 내는 사람이 경제활동인구의 절반에 이른다. 민간 임대주택에 사는 저소득층 가구의 임대료 부담이 소득의 40퍼센트를 넘는 탓에 '쥐꼬리만 한 수입에 그나마 집세 주고 나면 남는 것이 없다'는 말이 괜한 엄살이 아님을 알 수 있다. 이처럼 한 치 앞도 내다볼 수 없을 만큼 암흑 속을 걷고 있는 서민들을 향해 '하면 된다!'고 외쳐본

들 무슨 소용이 있겠는가. 적어도 그들을 향해 약하게나마 등불을 비춰주면서 '하면 된다!' '할 수 있다!'를 외쳐주어야 하는 것 아닌가!

누군가 그랬다. 간절히 원하면 이루어진다고. 또 누군가는 반박했다. 꿈만 꾼다고 이루어지는 것은 없다고. 죽을 만큼 노력해야 이룰 수 있다고. 하지만 또 다른 누군가가 외쳤다. 간절히 원했고 죽을 만큼 노력했지만 이루지 못했다고. 그들이 무엇을 간절히 원했고 얼마만큼 노력했는지 다 알 수는 없다. 하지만 이 사회가 더이상은 간절히 원한다고 이루어지거나 죽을 만큼 노력한다고 모든 것을 이룰 수 있는 사회가 아님은 안다. 특히 그것이 부자가 되는 바람이라면 더욱 그러하다.

언젠가는 생활이 나아지고 부자가 될 수 있다는 희망만 있다면 지금의 생활이 아무리 어렵더라도 문제될 것이 없다. 오늘이 힘들어도 내일이 오늘보다 나아진다면 무엇이 문제이겠는가? 지금은 가난하더라도 열심히 노력해서 언젠가 잘살 수 있다는 희망이 있다면 그 인생은 한번 도전해볼 만하지 않겠는가? 자수성가의 신화, 샐러리맨의 성공신화가 그런 것이다. 그런데 지금 우리 사회는 그런 신화가 나오기 매우 어렵게 되어 있다. 더는 자수성가가 가능한 사회가 아니다. 미국에는 '아메리칸 드림'이란 말이 있었지만 우리나라는 '코리안 드림'이 탄생하기 극히 어려운 구조다. 부모의 도움 없이도 혼자만의 힘으로 열심히 땀 흘리고 노력하면 모두가 꿈을 이루고 부자가 될 수 있는 나라가 아니다.

단적인 예를 들어보자. 『포브스』가 2011년 9월 기준으로 조사한 바로는, 미국 부자 상위 100명의 재산형성 형태는 약 4분의 3이 자수성가이고 4분의 1만이 상속증식이라고 한다. 아닌 게 아니라 재산이 가장 많다는 빌 게이츠, 워런 버핏(2위), 조지 소로스(7위) 같은 사람들이 어디 재벌가의 자식들인가? 그들이 엄청나게 부잣집 자식들이란 얘기는 들어보지 못했다. 그들은 모두 자신만의 힘으로 커다란 부자가 되었다. 즉, 미국에서 큰 부자들은 대부분 자기 힘으로 꿈을 실현하고 부를 획득한 사람들이다. 미국의 경우 큰 부자는 자기 힘으로 이루는 것이 상식으로 되어 있다.

그렇다면 우리나라는 어떨까? 우리나라도 미국처럼 자수성가하는 부자들이 상속을 받아 부자가 된 사람들보다 많을까? 내 능력을 키우고 온 힘을 다해 노력하면 큰 부자가 될 수 있는 사회인가, 아니면 부모를 잘 만나야 큰 부자가 될 수 있는 사회인가?

답부터 말하면, 지금 우리 사회에서는 부모를 잘 만나야 잘살 수 있다. '재벌닷컴'이 조사한 바로는, 2011년 9월 30일 현재 한국 부자 상위 100명의 재산형성 형태는 4분의 1만이 자수성가이고 4분의 3은 상속증식이었다. 더욱 정확히는 23명이 자수성가였고 나머지 77명은 상속증식이었다. 미국과는 정반대다. 1위부터 32위까지만 보면 미국은 물려받은 재산으로 부자가 된 사람이 32명 중 여덟 명에 불과하지만, 우리나라는 32명 중 25명이 재벌 2세, 3세들이다. 이쯤 되고 보면 우리 사회에서는 재벌가에서 태어나지 않은 사람은 최고 부자에 끼기 어렵다.

이런 사회에서 '하면 된다!'는 구호를 외친다고 해서 '코리안 드림'

이 비집고 들어갈 틈이 있겠는가? 이렇게 부를 숨김없이 그대로 대물림하다보면 자연스럽게 재산의 격차가 신분화로 고착될 수밖에 없다. 새로운 형태의 귀족사회가 형성되는 것이다. 우리 사회의 부모 세대들까지는 인생의 첫 출발 시기가 6·25전쟁 직후라 차별할 만한 것이 거의 아무것도 남아 있지 않았다. 그래서 소득이나 재산에 격차가 있어도 사실 별로 큰 것이 아니었다. 잘살고 못살고의 차이가 있었다 하더라도 아주 못살았던 집 자식도 나중에 출세하면 부의 격차는 한순간에 뒤집힐 수 있는 정도였다.

물론 『포브스』와 '재벌닷컴'이 재산형성 형태를 조사한 부잣집 주인들은 여느 부자가 아니라 미국과 우리나라 최상위 100위 안에 드는 어마어마한 부자들이다. 따라서 이 사람들만을 두고 이른바 '부자'라고 하는 사람들의 재산형성 형태로 일반화하기에는 무리가 있다. 그러나 우리는 한국사회에서 살아왔기 때문에 주변의 부자들이 어떻게 돈을 벌었는지는 대충 알고 있다. 실제로 주위를 둘러보면 좋은 차를 타고 좋은 집에 살며 돈 걱정 없이 잘사는 부자들의 상당수가 부모를 잘 만나 큰 재산을 물려받은 사람들이다. 그리고 그 나머지 사람 중에도 진정한 의미의 자수성가가 아닌 경우가 매우 많다. 예를 들어 부동산 투기를 해서 큰돈을 번 사람이 상당히 많지 않은가? 이름이 좋아 주식투자, 코스닥투자이지 땀 흘려 일하기보다는 '돈 놓고 돈 먹기'식의 투기 열풍이 주식시장과 코스닥시장을 휩쓸고 다니면서 하루아침에 부자가 된 사람들이 많다.

우리나라 부자들 가운데 부모 재산을 물려받거나 투기를 해서 돈을 번 것이 아니라 나만의 아이디어로 다른 사람들에게 유익한 영향을 주면서 돈을 번 사람이 과연 몇 명이나 되겠는가? 이를테면 세계에서 재산이 가장 많다는 빌 게이츠처럼 이노베이션을 통해 전 세계 수많은 사람에게 새로운 상품과 서비스를 제공한 대가로 부자가 된 사람들 말이다. 나도 그런 부자들을 몇 명 알고 있지만, 숫자는 정말 극소수다.

미국사회는 부정적인 면도 많지만 재산 형성과정이 매우 독립적이며 역동적이다. 계층 간 수직이동이 활발하다. 성공신화가 아직도 가능한 사회라는 점은 우리가 어떻게 해서든 배워야 할 미국사회의 장점이다. 반면 오늘날 우리 사회는 상위 100명뿐 아니라 그 아래 10만 명까지 내려와도 부모를 잘 만나거나 투기를 잘한 사람들이 부자로 행세하는 사회이지 땀 흘려 도전하고 노력한 사람들이 부자가 되는 경우는 가뭄에 콩 나는 식으로 매우 드문 사회다.

부가 신분화되고 세습되는 사회를 돌petrified이나 뼈ossified처럼 굳어진 사회라고 말한다. 이렇게 경직된 사회에서는 모든 국민의 역량이 충분히 발휘될 기회가 사라져 경제가 기울고, 사람들에게 자기 인생에 만족하지 못하는 불만이 쌓여 결국 사회가 불안정해진다. 따라서 우리 사회가 경직되지 않으려면 바람직하지 않은 형태로 부를 쌓고 세습하는 것을 막고 열심히 노력하는 모든 사람에게 골고루 기회가 돌아가는 사회를 만들어야 한다. 그러는 데 필요한 것이 바로 동반성장이다.

퇴보하는 일본을 반면교사하라

"우리는 아시아가 아니다."

지리적으로 분명 아시아대륙에 있으면서도 스스로 그렇게 말하는 나라가 있다. 동양의 유일한 선진국이라 자부하던 일본이 바로 그 주인공이다. 오만으로 비칠 수도 있는 그들의 무한한 자부심 뒤에는 그것을 뒷받침해줄 만한 확실한 근거도 있다. 일본은 현재 한국의 다섯 배에 달하는 GDP를 자랑하며 세계 3위의 경제강국의 지위를 누리고 있다. 1인당 국민소득 역시 4만 6,000달러로 우리나라의 두 배에 이른다. 어디 그뿐인가. 세계 500대 기업 안에 드는 기업이 한국은 14개인 데 비해 일본은 한국의 다섯 배 가까운 68개나 된다. 특히 일본이 세계 수출시장에서 점유율 1위를 차지하는 품목은 230개로 우리나라의 세 배에 달하는 규모다.

하지만 제아무리 공들여 쌓은 탑도 외부의 강력한 충격과 내부의 미세한 균열에는 버텨낼 재간이 없다. 세계를 향해 거침없이 질주하며 고속성장을 해온 일본 역시 이러한 위기를 피해 갈 수는 없었다. 1995년에는 세계 500대 기업 가운데 149개가 일본기업이었지만 2009년에는 68개로 줄었다. 1인당 GDP 역시 1993년에는 세계 3위를 자랑했지만 불과 15년 뒤인 2008년에는 23위로 추락했다. 그리고 국제경쟁력 역시 1990년에는 세계 1위로 최고의 지위에 있었지만 그로부터 20년 후인 2010년에는 27위로 하락하고 말았다.

지금 일본이 겪는 위기의 근저에는 우리나라와 비슷한 원인이 있다. 따라서 그저 남의 나라에 일어난 불구경 하듯 보아 넘길 수는 없다. 오히려 적어도 그들처럼은 되지 말아야 한다는 반면교사反面教師로 삼을 필요가 있다. 일본경제와 산업의 경쟁력이 약화된 원인으로는 높은 법인세, 엔고 현상, 일본 대지진, 각종 규제 등 여러 가지가 있겠지만 사회적 측면의 근본 원인을 살펴보면 지속적인 출산율 저하에 따른 고령화 사회로의 진전을 빼놓을 수 없다.

고령화 사회의 여러 문제점 중 경제성장에 직격탄을 날릴 수 있는 것이 바로 노동인구의 감소다. 경제성장의 주역이라 할 수 있는 젊은 층이 줄어드니 절대적 노동인구의 감소를 피할 수 없다. 이와 더불어 사회 대부분에서 열정과 의욕도 줄어들 수밖에 없다. 일본 젊은이 가운데 10퍼센트가 넘는 사람들이 특별한 직업 없이 아르바이트만으로 생활을 유지하는 니트NEET, Not in Education, Employment or Training족 또는 프리터free와 Arbeiter의 합성어에 해당할 정도로 현재 일본 사회는 도전정신과 열정을 잃어가고 있다.

또한 이러한 노동인구의 감소는 생산성 저하와 인건비 상승으로 이어져 기업의 경쟁력을 약화시키고 경제의 성장잠재력 저하로 연결될 수 있다. 어디 그뿐인가. 고령화 사회의 원인 중 하나가 출산율 감소에 있다보니 장기적으로 보면 내수시장의 축소도 피할 수 없게 되어 사회 전체의 활력이 떨어질 수밖에 없다.

염려스러운 것은 현재 일본 사회의 모습과 우리의 모습이 크게 다르지 않다는 것이다. 우리나라 역시 출산율 감소와 고령화 사회 진입, 청년실업의 증가, 사회 활력 저하 등 정도만 다를 뿐 일본과 아주 유사한 방향으로 나아가고 있다. 전문가들에 따르면 우리나라도 2016

년부터는 생산가능인구가 줄기 시작하고 2020년부터 절대 인구가 줄기 시작할 것이라고 한다. 인구가 줄어들어 노동인구가 감소하면 혁신적 기술개발이 뒷받침되지 않는 한 경제성장이 둔화될 수밖에 없다. 가뜩이나 팍팍한 서민들의 삶이 더욱 힘들어지게 되는 것이다.

사회의 활력을 되찾고 도전정신과 열정을 키우려면 그 원인을 역으로 분석해나가면서 해법을 찾아야 한다. 즉, 출산율 저하와 맞물린 고령화 사회 진입과 그에 따른 각종 사회 문제를 해결하려면 요즘 젊은 부부들이 왜 아이 낳기를 꺼리는지부터 살펴봐야 한다. 여러 이유가 있겠지만 가장 큰 원인으로는 경제적인 문제를 들 수 있다. 2012년을 기준으로 아이 한 명이 태어나서 대학을 졸업할 때까지 먹이고 입히고 교육하는 데 들어가는 돈이 평균 2억 7,514만 원이라고 한다. 저축은커녕 빚을 내어 생활을 꾸려가야 하는 대다수 서민에게 아이는 소중한 내 핏줄이기 이전에 엄청난 경제적 부담으로 먼저 와 닿을 수밖에 없다.

자식을 위해서라면 없는 집도 팔아서 뒷바라지하는 것이 우리나라 부모들의 애타는 자식사랑이지만 문제는 여기서 끝나지 않는다. 대학교육까지 해놓은들 내 자식이 변변한 직장을 구할 수 없어 여전히 가난과 싸워야 한다면 부모는 눈을 감는 순간까지 안타까움의 눈물을 흘려야 한다. 상황이 이러하니 하나만 낳아서 제대로 키우자고 하거나 아예 아이 없이 살자는 결심을 하게 되는 것이다.

경영학자들이 주로 쓰는 '전략적 변곡점Strategic Inflection Point'이라는 말이 있다. 기업을 둘러싼 환경이 근본적으로 변하는 시점을 가리키는 말이다. 이러한 시기에 기업 혹은 국가가 올바른 판단과 결단을 하지 못하면 결정적으로 도태의 길로 접어들게 된다는 것이다.

변화를 미리 감지하지 못해서 낭패를 보는 사례는 얼마든지 있다. 미국 소매 유통의 신화라 불리던 K마트의 몰락도 이런 사례에 속한다. K마트는 1970년대에 이미 미국 전역에 1,000여 개 점포를 낸 최대 할인매장이었다. 매장은 주요 도시의 도심에 압도적인 크기로 입점했다. 그러나 자본을 비롯한 기업규모에서 열세였던 월마트는 K마트와는 상반된 입점 전략을 선택했다.

그들이 주목한 것은 중소도시와 교외 지역이었다. 마침 미국의 주거문화가 도심에서 교외로 바뀌는 변화 과정에 있었다. 집집마다 자가용이 있는 소비자들이 교통이 복잡하고 주차하기 어려운 도심보다 주차장이 넓고 교통이 원활한 할인매장을 선호하리라는 것쯤은 예측할 수 있는 사안이었다. 월마트는 뛰어난 예측에 더해 과감하게 차별화된 매장 입점으로 변화에 적응하였고 K마트의 거점이라 할 수 있는 주요 도시까지 공략해나갔다. 반면 K마트는 주요 도시 대형 할인매장 입점 전략을 고수했을 뿐만 아니라 할인매장의 가장 큰 매력인 가격 경쟁력에서도 밀려났다. 결국 2002년에는 파산 신청을 할 만큼 어려움을 겪어야 했다.

똑같은 변화를 앞두고 월마트와 K마트의 상반된 선택은 기업의 운명을 좌우했다. 지금 1등이라고 해서 그 기업의 앞길에 황금색으로 빛나는 직선만 놓인 것은 아니다. 분명 전략적 변곡점 같은 곡선이 나타나고 오르막길과 내리막길이 놓여 있을 것이다. 그 길을 예측하면서 운행해야 사고가 안 나고 안전하게 목적지까지 갈 수 있다.

전략적 변곡점을 잘 인지하고 올바른 변화의 길을 모색하느냐 그러지 못하느냐에 따라 기업의 성패가 결정되듯, 국가도 국내외 경제의 흐름을 잘 감지하여 적절한 시기에 변화하기 위한 단호한 결단을 내려야 한다. 단호한 결단만이 거친 변화의 파고에서 국가 공동체라는 함선을 침몰시키지 않고 구할 수 있다. 우리나라는 지금 이러한 전략적 변곡점에 서서 결정적 변화가 있어야 하는 시점에 와 있다. 현재 우리 사회의 여러 문제, 즉 서민들의 삶을 힘들게 하고 사회의 활력을 떨어뜨리며 경제성장의 발목을 잡고 있는 근본 원인을 찾아 하루빨리 악순환의 고리를 끊지 않으면 우리나라는 희망의 빛을 영영 잃을지도 모른다.

동반성장은 성장동력 창출의 새로운 패러다임

일본이 300년에 걸쳐 지금의 성장을 이루었다면 우리는 50년 만에 지금의 성장을 이루었다. 물론 현재의 일본은 우리보다 수십 년은 앞선 모습이지만 전쟁으로 초토화된 국토에서 짧은 기간에 이루어 낸 성과이니만큼 우리나라 국민이 자랑스럽지 않을 수 없다. 그럼에도 불안을 감출 수 없는 것은 현재 우리나라의 성장이 한계에 달했다는 것을 우리 사회 곳곳에서 감지할 수 있기 때문이다.

희망과 꿈에 부풀어야 할 청년들은 취업에 대한 불안감으로 길을 헤매고 있고 중년은 해고에 대한 불안감으로 잠을 설친다. 노년은 노후에 대한 불안감에 휩싸여 평균수명이 늘어난 기쁨을 누릴 마음의 여유조차 없다. 기업은 또 어떤가. 경제성장의 주체였던 대기업은 고용창출 능력이 약화되었다. 중소기업 역시 존폐의 위기 앞에서 고용창출은커녕 당장 직원들에게 줄 임금을 걱정해야 할 지경에 놓여 있다. 국민소득 2만 달러 시대라는 말이 무색할 정도로 우리 사회 곳곳은 현실의 고통과 미래에 대한 불안감으로 휘청거리고 있다.

지금의 경제 패러다임을 깨지 못한다면 우리나라의 경제대국 진입은 영원한 바람으로 끝날지 모른다. 설령 진입에 성공한다 해도 결국 그것은 몇몇 대기업에 의한, 그리고 대기업을 위한 경제대국이 될 확률이 높다. 하지만 '그들'만의 리그는 절대 오래가지 못한다. 쏠림이 심하면 배는 전복되고 만다. 꽃이 제아무리 화려함을 뽐내도 뿌리와 줄기가 썩고 있으면 그 생명은 오래지 않아 끝나고 만다. 그것이 대한민국이라는 한 나라에서 살아가는 공동체의 운명임을 그들도 알아야 한다.

한국경제에 활력을 불어넣어 다시 뿌리와 줄기를 건강하게 하고 꽃의 화려함도 보존해줄 새로운 패러다임이 바로 동반성장이다. 한강의 기적을 만들어냈던 개발시대를 거친 지금 우리나라는 그동안 경제를 지탱해왔던 이른바 '불균형 압축성장 패러다임'의 주문을 거둬들여야 한다. 이 주문들은 이미 오래전에 유효기간이 지났다. 1960년대 이후 경제 내의 인적·물적 자원을 인위적으로 한곳에 몰아넣어 그 부문이 전체 성장을 주도하는 식의 패러다임은 이미 종말을 고했다.

이러한 패러다임이 더는 한국경제의 지침이 될 수 없다는 사실은 1997년 말 'IMF 외환위기'로 명백하게 입증되었다. IMF 구제금융 이후 경제 구조조정 과정에서 정부가 인위적으로 자원을 한곳에 몰아주는 정책은 거의 사라졌다. 그러나 자원이 한곳으로 집중되는 경향은 더욱 심해졌다. 이때 시작된 신자유주의적 정책 기조는 정부가 아닌 시장 메커니즘을 통해 자원이 한곳에 집중되고 경제 불균형과 산업 독과점이 갈수록 심해진 것이다.

이제는 정말 새로운 패러다임을 준비해야 한다. 독점의 폐해는 고인 물이 썩는 결과로 이어진다. 일부가 아니라 전부가, 부자뿐만 아니라 서민까지 함께 지혜와 역량을 모아 성장하는 동반성장의 패러다임은 선택이 아니라 반드시 실현해야 하는 매우 시급한 과제다. 그렇게 하지 못한다면 우리의 미래는 기대할 것이 없다. 이대로라면 머지않아 우리 경제에서 기술혁신이 죽고 경쟁이 죽고 가계가 죽어 결국 경제 전체가 무기력해질 것이다.

중국 중심의 세계경제 흐름 속에서 더는 대기업 주도의 수출지향형 성장만 바랄 수는 없다. 더군다나 그것이 중소기업에게 일방적으로 피해가 돌아가는 가격경쟁 구도라면 더더욱 지양해야 한다. 세계시장에서 세계적인 초우량기업과 경쟁하려면 가격 경쟁력이 아닌 새로운 것을 창조해내는 능력, 즉 혁신역량이 더 중요하다. 그런데 이러한 창조적 혁신역량은 소수의 대기업이 아닌, 다수의 중소기업에서 나올 가능성이 더욱 높기에 동반성장을 통해 그들의 자생력과 경쟁력을 키워줌으로써 선진국 진입의 비상구를 열어보자는 것이다.

이기적인 소나무 같은 재벌 대기업

산을 오르다 소나무 숲을 만날 때면 걸음을 멈추고 잠시 쉬어가곤 한다. 힘차고 우람한 그 위용도 멋지지만 소나무에서 풍기는 은은한 향과 솔잎을 스치는 바람 소리는 마음을 사로잡는다. 하지만 소나무 숲의 야박한 생태를 알고 나면 왠지 모르게 쓸쓸함을 감출 수 없다.

소나무 숲의 모습은 매우 특이하다. 다른 숲에는 온갖 잔풀과 크고 작은 나무들이 함께 어울려 자라지만 소나무 아래엔 풀이 없다. 떨어진 솔잎이 갈색 카펫처럼 깔려 있을 뿐이다. 바늘 같은 솔잎이 촘촘하게 땅을 뒤덮어 공기와 햇볕이 통하지 않는다. 그런 곳에서는 잔풀이 자랄 수 없고 그 어떤 나무도 새싹을 틔울 수 없다.

소나무에게는 자기 주변에 잔풀이 자랄 기회를 허용하지 않고 땅이 공급할 수 있는 영양소를 모조리 차지해버리는 것이 최선의 생존 방법이다. 나무들은 보통 서로 햇볕, 공기, 빗물을 다투어가며 자란다. 하지만 소나무만큼은 다른 나무들이나 잔풀들이 햇볕, 공기, 빗물을 다툴 기회조차 아예 주지 않는다. 경쟁자의 등장을 원천적으로 가로막는 소나무의 용의주도함에서는 약육강식의 잔인함마저 느껴진다.

재벌 대기업과 중소기업의 생태계는 소나무 숲 속의 모습과 빼닮았다. 우리 경제생태계에는 몇몇 대기업만이 소나무처럼 우뚝 서 있을 뿐이다. 중소기업은 제대로 자라지 못하고 있다. 협력사들이 고사 일보 직전까지 내몰리더라도 재벌 대기업들은 기술을 가로채거나 납품단가를 후려치면서까지 자기수익을 올리는 데 거리낌이 없다. 이런 행태를 지적하기만 하면 대기업들은 '우리는 단지 이윤 극대화라는 시장경제의 원리를 따를 뿐인데 뭐가 잘못되었느냐?'는 식으로 대응했다.

"당신이 경제학 교수를 오래했다고 하는데 경제학에서는 누구든지 자기이익을 극대화하면 보이지 않는 손에 의해 사회 전체의 후생이 극대화된다고 하지 않느냐?"

하지만 이런 생각은 옳지 않다. 경제학에서 배운 대로라고 믿겠지만, 그런 사고방식을 갖고 있다면 경제학을 잘못 배웠다. 경제학은 무조건 자기 몫만 악착같이 챙기면 된다고 가르치지 않는다. 경제학은 그런 엉터리 학문이 아니다.

우리 사회의 생태계는 과연 공정한가

"민주주의에 대한 나의 개념은, 그 체제에서는 가장 약한 자가 가장 강한 자와 똑같은 기회를 가질 수 있다는 것이다."

간디가 한 말이다. 이 말을 경제에 적용한다면 '민주화된 경제사회는 가장 약한 자가 가장 강한 자와 똑같은 기회를 가질 수 있다는 것이다'라고 해석할 수 있다.

물론 민주화된 경제사회가 실현되기 위해서는 기회만 공정해서는 안 된다. 같은 땅에 씨를 뿌려도 특정 나무에만 거름을 주고 물을 주어서는 결코 공정하다 말할 수 없다. 그래서 그 과정에서도 공정성은 보장되어야 한다.

각자가 자기이익을 극대화하면 모든 것이 다 잘된다는 경제학 이론에도 전제조건이 있다. 공정한 경쟁시장에 한해서다. 그렇다면 우리나라 대기업과 중소기업의 생태계는 과연 공정한가? 물론 대기업들은 중소기업과 동반성장을 잘하고 있다고 말한다. 그런데도 대기업으로부터 억울한 일을 당했다는 중소기업인들이 우리 주변에 많이 보이는 이유는 무엇인가? 그들은 불이익이 두려워 얘기도 제대로 못 꺼낸다. 어렵사리 듣게 되는 그들의 이야기는 울분으로 가득 차 있다.

다른 나무들에 싹을 틔울 기회조차 주지 않는 경쟁은 공정한 경쟁이 아니다. 공정한 경쟁은 다른 나무들과 햇볕, 공기, 빗물을 다투는 것이어야 한다. 소나무는 다른 나무들이 햇볕과 빗물을 구경할 기회조차 주지 않는다. 이것은 경쟁이 아니라 기회를 독차지하려는 것일 뿐이다.

우리 헌법에는 '각인各人의 기회를 균등히' 하라고 했다. 기회균등을 전제로 각자의 능력을 최고도로 발휘하게 하자고 했다. 따라서 기회를 가로막는 장애요인이 있다면 제거해나가는 것이 헌법 정신에도 맞는다. 내가 동반성장위원회 위원장으로 있으면서 추진한 초과이익공유제, 중소기업 적합업종 선정, 동반성장지수의 작성 및 공표, 중소기업의 기술수준 향상을 위한 노력 등은 모두 중소기업에 성장 기회가 골고루 돌아가도록 하는 것이었다.

소나무 향기는 물론 소나무 숲을 스치는 바람 소리도 좋다. 하지만 우리가 원하는 숲은 계절마다 여러 가지 꽃과 나비를 감상할 수 있고 열매, 버섯, 약초도 얻을 수 있는 다양한 숲이다. 소나무만 자라는 곳에서는 소나무 껍질 말고는 벗겨 먹을 것이 없다. 소나무 아래에 어린나무가 자라지 못하듯 지금은 중소기업이 커나가기 극히 어려운 여건이다. 공정한 경쟁시장이 아니기 때문이다.

건강하고 울창한 숲은 결코 소나무만으로는 이루어질 수 없다. 경제도 마찬가지다. 나는 좋은 기업을 많이 키우는 것이 최선의 경제정책이라고 믿고 있다. 미국경제가 1900년대 들어서부터 세계 최강이 된 과정도 록펠러, 카네기, 포드, 듀폰, GM, 월마트, 코닥, IBM, 마이크로소프트 등 세계 굴지의 기업이 차례로 출현했기 때문이다. 일본경제도 마찬가지다. 도요타, 혼다, 소니, 일본제철 등 세계적 기업의 성장과 일본경제의 성장은 궤적을 같이해왔다. 그런 기업들의 출현이 뜸하자 일본경제는 기울기 시작했다. 미국경제도 마찬가지로 어려움을 겪고 있다.

　기업은 공평한 기회 속에서 치열한 경쟁을 통해 자라야 건강하고 올바르게 성장한다. 또 그렇게 성장한 기업이 좋은 기업이고 좋은 기업이 많아야 그 나라의 경제가 발전한다. 동반성장은 중소기업이 중견기업으로 커가고 중견기업이 대기업으로 커나갈 기회를 고르게 주고 그 과정에서 공정성도 지켜주자는 것이다. 우리 경제도 중소기업에서 출발하여 세계 굴지의 기업으로 성장할 수 있도록 기회를 주자는 것이다.

　그러나 중소기업이 중견기업으로 성장하고 중견기업이 대기업으로 성장하는 활기찬 경제의 생태계가 아무리 좋아 보여도 대기업이 길목을 가로막고 있으면 도달할 수 없다. 재벌 대기업이 지난 10년 동안 거둔 평균 영업이익률에 비해 협력중소기업, 즉 1차 협력업체들은 그 절반에도 미치지 못하는 저조한 이익률을 보였다. 2차, 3차 협력업체들의 이익률은 훨씬 더 낮았다고 한다. 그러니 성장은커녕 생존을 고민해야 하는 것이 우리나라 중소기업의 현실이다.

　정부가 특정 기업을 선정해 잘 키우던 시대는 이미 끝났다. 낙수 효과의 신화에 매달려 그토록 대기업에 퍼주었는데 결과는 어땠는가? 대기업의 매출과 영업이익은 연일 사상 최고치를 기록한다는 보도가 쏟아질 때 중소기업의 도산율과 실업률의 급증이라는 기사도 함께 나왔다. 낙수 효과라면 벌써 위에서 흘러내린 물이 가장 아래까지 차고 넘쳐야 하는데 정작 현실은 그렇지 않다. 이제 정부는 좋은 기업이 많이 나올 수 있도록 공평한 기회를 주고 환경을 조성하는 데 힘써야 할 때다. 재벌 대기업들 역시 자기만의 이익, 눈앞의 이익만을 지키려 하지 말고 글로벌 기업으로서 우리 경제 전체를 보고 미래를 내다보는 넓은 시야와 너그러운 마음을 가져야 한다. 자신의 이윤만 극대화하려는 장사꾼 기업이 아니라 희망을 팔고 기회를 나누어주는 비전의 대기업, 우리 국민이 사랑해 마지않는 글로벌 기업으로 환골탈태해야 한다.

우리 사회의 생태계가 가지고 있는 불공정성은 비단 경제에만 국한되지 않는다. 교육, 지역, 문화 등 불공정성은 곳곳에 있다. 그런데 이 불공정성을 '차별화'라는 포장으로 꾸며서 미화하는 사람들이 있다. 불공정한 것은 오로지 개인의 능력이 다르기 때문에 발생하는 '결과'라고 말하는 것이다. 좋은 대학을 가지 못하는 이유는 당사자가 공부를 못하는 능력의 문제일 뿐이라고 말이다.

나는 서울대 총장으로 있을 때 이 논리의 허구를 단박에 깼다. '지역균형선발제'로 입학한 학생들은 선발 당시만 해도 이른바 강남 대치동 수준에 한참 못 미쳤다. 그러나 정작 공부를 마음껏 할 수 있고 양질의 수업을 들을 수 있는 환경을 똑같이 만들어주자 결과는 어땠는가? 그들의 학업성취도가 일반전형으로 입학한 학생들보다 높게 나왔다.

불공정성은 결국 규칙의 문제다. 함께 경쟁하려면 최소한 주어진 규칙을 모두가 감당할 수 있어야 한다. 그래야 그 규칙은 공정하게 된다. 무조건 똑같은 출발선에 세워놓고 달리라는 것은 공정한 규정이 아니다. 평소에 좋은 음식을 섭취하고 전문 코치에게서 훈련을 받

게서 훈련을 받은 선수와 라면으로 끼니를 때운 선수가 나란히 출발선에 섰다고 해서 공정하다고 말할 수 있는가? 임춘애 선수처럼 라면으로 끼니를 때우며 금메달을 딴 것을 두고 우린 기적이라고 말한다. 그렇다. 그건 기적이다. 그런데 기적은 희귀하게 일어나는 일이다. 그렇다면 99퍼센트에게 희귀성을 바라는 건 앞뒤가 맞지 않는다. 우리 사회의 대다수에게는 희귀성의 법칙이 아니라 보편성과 상식이 적용되어야 하지 않는가?

희망을 잃은 사람들

정치인들과 전문가들만 모르고 있었을 뿐 언제부터인가 우리 국민은 동반성장의 필요성을 이미 마음속 깊은 곳에서 느끼고 있다. 그만큼 우리 국민은 현재의 독주와 독점 체제에서 희망을 잃고 살았다는 것이다.

"장사가 안 돼서 죽겠어요."

"대학 등록금 때문에 빌린 돈을 갚으려니 앞이 캄캄해요."

"취업준비생인데 취직도 하기 전에 벌써 신용불량자 신세랍니다."

남 못지않게 정말로 열심히 온 힘을 다해 살아왔는데도 결과는 원하던 것이 아니었다. 그런데 정치인들은 그들의 손을 잡고 사진 찍는 이벤트에 열중하고 전문가들은 서민들의 피부에 와 닿지 않는 예측만 한다.

내가 대학을 다니던 시절만 해도 우리네 부모님들은 농사를 짓거나 시장에서 장사해서 서넛이나 되는 자식들의 뒷바라지를 했다. 나 역시 일곱 식구가 단칸방에서 쪽잠을 자야 할 만큼 어린 시절을 가난하게 보냈다. 아버지가 돌아가시자 어머니는 궂은 일을 마다 않고 자식들을 먹이고 입히고 공부시켰다. 허리 펼 날 없이 힘들게 일해야 했지만 희망이 있었기에 어머니는 웃을 수 있었다. 하지만 언제부터인가 우리 사회엔 희망의 빛이 사라지고 절망의 한숨이 그득하다. 시장에서 생선을 팔아 자식들을 대학 공부까지 시켰다는 이야기는 이제 뉴스에서나 볼 수 있을 만큼 흔치 않은 이야기가 되었다. 예전보다 지금의 부모들이 자식에 대한 애정이 줄었다거나 헌신의 깊이가 줄어든 것이 아니다. 저축이 아닌 대출 이자를 갚기 위해 은행을 드나들어야 하는 팍팍한 살림살이 때문에 자녀의 대학등록금까지 신경 써줄 여력이 없다.

희망을 잃은 것은 부모만이 아니다. 아르바이트를 병행하며 대학 공부를 어렵게 마쳤지만 취업의 문턱은 높기만 해 정성 들여 준비한 날개를 펴볼 기회마저도 얻지 못한다. 젊은이들에게 '열심히 노력하면 성공할 수 있다' '하면 된다'라는 말은 아버지 세대들이 들려주던 먼 옛날의 전설일 뿐이다.

"아무리 해봤자 나는 안 돼."

불안과 괴로움은 도전보다 포기를 먼저 가르쳐준다.

"안 될 놈은 안 돼."

자괴감이 점점 더 많은 젊은이의 마음을 잠식하며 이 나라의 미래마저도 잡아먹고 있다.

젊은이가 희망을 잃어버린 사회에는 미래가 없다. 자신의 의지와 힘으로는 그 어떤 도전도 할 수 없다는 좌절감은 이 사회를 죽은 사회로 만들어버린다. 도전해봤자 넘지 못할 벽이 있을 것이라고 여기는 젊은이들에게는 기회조차 쉽사리 주어지지 않는다. 과거 허허벌판에 조선공장을 짓고는 거북선이 그려진 우리나라 지폐를 들고 영국으로 달려가 돈을 빌려달라고 했던 그 패기를 더는 찾아볼 수 없다.

대기업 회사원, 공무원, 의사 같은 몇몇 안정된 직업이 아니라면 뛰어들지도 못할 정도로 불안감이 가득 찬 사회에서 희망은 찾아볼 수 없다. 희망은커녕 그나마 얼마 되지 않는 생존 기회라도 놓치지 않기 위해 우리 젊은이들과 청소년들은 그야말로 처절한 경쟁에 뛰어들고 있다. 그러다보니 OECD 국가 가운데 자신을 가장 불행하다고 생각하는 청소년이 바로 우리나라 청소년이다. 어디 그뿐인가. 전 세계 국가 가운데 가장 높은 자살률을 7년 연속 기록하고 있는 곳도 바로 우리나라다.

경제권력의 부당한 행사는 반발을 불러일으킨다

자유의지를 갖춘 사람이라면 누구든 자신의 미래를 스스로 결정하기를 원한다. 그것은 인간의 본성이다. 자신의 미래가 자신의 의지와 노력이 아닌 외부의 힘으로 결정된다고 느끼는 순간, 그 사람은 함정에 빠진 듯한 감정, 속박을 당하고 있다는 감정을 가지게 된다. 이것이 바로 바뤼흐 스피노자의 '인간의 굴레Human Bondage'다. 자살률 1위, 행복지수 최하위, 노인 자살률과 이혼율 증가 등 한국사회 곳곳에 켜지는 적색등을 보더라도 지금 수많은 사람이 희망보다 절망을 가슴에 부여안고 살아가고 있다.

"할 수 있는 모든 노력을 다했는데도 형편이 나아지지 않았고 앞날에 대한 희망도 더는 가질 수 없다."

그들의 절규는 세상에 대한 외침이기도 하다. 만족스럽지 못한 자화상이 나 때문이 아니라 외부적 요인 때문이라고 보는 것이다.

스피노자가 말했듯이 나의 불행이 외부에서 왔음을 깨닫는 순간, 그리고 내 힘으로는 그 불행을 이겨낼 수 없다고 생각하는 순간, 인간은 굴레에 갇힌 느낌, 내 운명을 나 스스로 결정할 자유를 상실한 것 같은 좌절감을 느끼게 된다. 그 사람의 다음 반응은 굴레에서 벗어나려는, 속박으로부터 해방되려는 열망이다. 실제로 인류 역사상 모든 혁명의 가장 첫 번째 동기는 '해방'이었다.

오늘날 수많은 사람이 '아무리 노력해도 내 꿈은 이루어지지 않을 것'이라는 절망감을 품고 있다는 사실은 단순히 한 개인의 마음속에만 머물지 않는다. 이는 세상을 뒤집어버릴 수 있는 엄청난 폭발력을 가진 힘으로 발전할 수 있다. '한 알의 불씨가 광야를 불사른다'는 격언은 결코 허풍이 아니다. 따라서 지금 우리 국민이 느끼는 절망감은 결코 가볍게 보아 넘겨서는 안 될 아주 중대한 문제다. 나는 이러한 국민의 의식 변화의 흐름에서 역사의 거대한 방향전환이라는 의미를 읽는다.

알렉시스 토크빌의 말처럼 권력은 한 사람에서 점점 더 많은 사람에게로 확산하는 과정을 밟아왔다. 역사의 커다란 흐름은 그 어떤 힘도 소수에게 집중되는 것을 싫어한다. 토크빌의 말대로 권력, 재산, 지식 등을 소수의 독점이 아니라 만인이 누릴 수 있는 것은 신의 섭리와 다를 바 없다. 아무리 짙은 연기라도 결국 피어올라 허공에 흩어지듯이, 정치권력이든 지식이든 경제력이든 무릇 권력이 확산되는 것은 자연법칙 같다.

정치권력의 확산 과정을 보면, 정치권력은 동서양을 막론하고 오랜 세월 군주 한 사람에게만 집중되었다. 그러다가 중세 이후 귀족 또는 관료집단이라는 소수 사람에게로 확산되었다. 근세를 넘어 현대에 들어서면서 정치권력은 드디어 재산이 많은 남성에게, 모든 남성에게, 모든 여성에게 주어지면서 결국 모든 사람에게 평등하게 확산되었다. 물론 그렇지 않은 나라도 아직 존재하지만 적어도 민주국가에서는 그랬다. 정치권력이 모든 사람에게 확산되는 과정에서 정치권력의 세습은 지구 위에서 북한을 제외하면 모두 사라졌다고 할 수 있다.

지식도 마찬가지다. 처음에는 극소수 학자들이 지식을 독점해오다가 대학과 같은 교육기관이 만들어져 지식인의 범위가 좀 더 넓어졌다. 다음에는 대중교육을 통해 많은 사람에게 확산되었다. 지식의 확산은 제도변화와 기술진보로 이루어졌다. 최근에는 IT 기술의 발달로 촉진되었다. 인터넷의 바다에서는 누구라도 클릭 한 번이면 원하는 정보를 얼마든지 얻을 수 있다. 디지털 시대에서는 정보의 독점이 문제가 아니라 정보의 홍수가 문제일 만큼 지식이 차고 넘친다.

경제력도 앞서 말한 정치권력이나 지식과 비슷한 과정을 거쳐왔다. 과거에는 경제력도 정치권력에 포함되어 오랜 세월 한 사람에게만 집중되어 있었다. 그러다가 결국 오늘날의 경제력은 모든 사람에게 확산되어가는 과정을 밟고 있다. 그렇지만 정치권력보다 그리고 어쩌면 지식보다는 경제력이 아직 덜 평등하게 확산되어 있다. 게다가 경제력은 가만히 내버려두면 소수에게 다시 집중되는 경향을 보이기까지 한다.

그런데도 사람들은 정치권력의 집중보다 경제력의 집중에 대해 훨씬 더 관대하다. 예를 들어 정치권력의 세습은 결사적으로 반대하지만 부의 세습에 대해서는 그것이 적법한 절차를 거친 것이라면 거의 상관하지 않는다. 또 적법한 과정을 거친 것이라면 부자들이 어떻게 돈을 벌든 번 돈으로 사치를 하든 자선사업에 쓰든 심지어 땅에 파묻더라도 기본적으로 상관하지 않는다.

"부자들이 동료 시민에게 폭군처럼 정치적 영향력을 휘두르는 것보다는 자기 재산에 폭군처럼 굴도록 내버려두는 게 낫다."

케인즈가 『일반이론』에서 한 말이다. 자본주의 사회에서 자기 돈을 자신이 원하는 대로 쓸 권리가 있다는 것은 기본 상식이다. 그 결과 전 세계에서 정치적 왕조는 북한을 제외하고 모두 사라졌지만 '경제적 왕조'는 우리 주변에도 살아남아 있다.

그렇지만 부자들이 자기 재산을 이용해 타인의 삶에 영향력을, 그것도 부당한 영향력을 휘두른다면 아무리 자본주의 사회에서라도 애기는 달라질 수밖에 없다. 그것은 마치 과거 역사에서 권력자들이 권력 없는 사람들의 삶에 제약을 가하는 것에 대해 권력 없는 사람들이 거부하고 나선 것과 마찬가지다. 사람들이 경제력 집중에 대해 아무런 관심이 없더라도 그 정도가 지나쳐 내 경제적 자유를 억압하는 데 이른다면, 그것은 마치 권력자의 정치권력이 나의 인신을 구속하는 것에 대한 반발과 똑같은 반발을 불러일으키게 된다.

그것이 정치권력의 직접적인 영향이든 경제력을 통한 간접적인 영향이든 자신의 삶이 부당하게 영향을 받는다고 생각하면 사람들은 모두 그것에서 벗어나기를 원하기 마련이다. 이것은 거의 동물적 본능과 같다. 과거 평민들이 왕정과 귀족들의 압제에서 탈출하고 싶어 했듯이, 지금의 돈 있는 사람들이 돈 없는 사람들의 삶에 제약을 가한다고 느끼기 시작하면 가난한 사람들은 그것에서 벗어나려는 강한 욕구를 갖게 된다.

나는 바로 그런 일들이 지금 우리나라에서 벌어지고 있다고 판단한다. 사람들은 대부분 이런 사실을 잘 인식하지 못했는데, 이는 사람들이 경제력과 정치권력이라는 두 가지 형태의 권력을 다르게 취급해왔기 때문이다. 그러다가 집중된 경제력이 자기들 인생에 영향을 미치는 것을 깨닫고 난 다음부터 사람들은 경제력 집중을 정치권력의 집중과 다르게 취급해야 할 이유가 과연 무엇인지 의문을 품게 된 것이다.

최근 재벌에 대한 국민의 인식이 매우 좋지 않게 변한 이유는 무엇일까? 재벌들이 자신들의 경제적 힘을 이용하여 돈 없는 사람들의 인생에 부당한 영향을 준다고 생각하기 시작했다는 얘기가 아니겠는가?

골목상권까지 침범한 대기업

사촌이 땅을 사면 배가 아픈 것이 사람의 자연스러운 심리라지만 누군가를 단지 부자라는 이유만으로 무작정 미워하고 시기하는 야박한 사람은 그리 많지 않다. 실제로 부자 중에는 빌 게이츠나 워런 버핏처럼 존경받는 부자도 많지 않은가. 우리 사회에 거칠게 일고 있는 반재벌 정서도 마찬가지다. 재벌들이 세계 시장에 나가 글로벌 경쟁을 통해 큰돈을 벌어오는 것에 시비를 거는 사람은 한 사람도 없다. 국민이 분노하는 이유는 다른 데 있다. 그들이 골목상권을 죽이고 그 자리에 재벌 계열 대형할인점을 세워 지역경제를 엉망으로 만든 것은 물론 상속증여세를 내지 않기 위한 편법으로 2세, 3세에게 일감을 몰아주거나, 중소기업이 할 수 있는 영역에까지 들어와 기회를 빼앗아가거나, 협력업체에 정당한 몫을 주지 않은 채 생사여탈권을 휘두르는 등 이 사회의 무시무시한 상전으로 군림하고 있기 때문이다.

대기업이 골목상권까지 침범하는 것은 상도의에도 어긋나는 파렴치한 짓이다. 그보다 더 심각한 것은 우리 경제의 생태계를 파괴하고 서민의 삶마저 위협한다는 것이다. 통계청에서 2012년 6월에 발표한 고용동향 자료를 보면, 우리나라의 자영업자는 경제활동인구의 28.6퍼센트에 달하는 718만 명이라고 한다. 여기에는 자영업자와 함께 일하는 가족의 숫자까지 포함된 것이다. 인구 10명 중에서 3명이 자영업자인 것은 OECD 국가 중에서도 네 번째로 높은 비율이라고 한다. 일본, 미국, 독일 등 선진국은 한참 낮은 비율을 나타내고 있다. 도대체 왜 이렇게 자영업자들이 많은 걸까? 그 이유는 단순하다. 일자리가 부족하니 가게라도 차려서 먹고살자는 것이다. 그만큼 생존이 절박하니 빚을 내서라도 작은 가게를 마련한 것인데, 이 가게를 밀어내버리면 자영업자들은 갈 곳이 없다.

대법원이 2012년 1월부터 5월까지 전국 법원에 접수된 개인회생 신청건수를 조사해보니 총 3만 6,846건이었다고 한다. 2011년 같은 기간에는 2만 2,760건이었다고 하니 개인회생 신청건수가 날로 급증하고 있음을 알 수 있다. 그들은 대부분 자영업자일 것이다. 통계청의 자료에도 나타나듯이 2004년부터 2008년까지 소규모 사업체는 연평균 61만 개 생겨났다. 그중에서 절반을 약간 웃도는 32만 개가 퇴출당했다고 한다. 단지 자영업자들의 장사 실력과 사업 역량이 모자라서 이런 현상이 일어났을까?

나는 빌 게이츠나 워런 버핏이 동네상권에 진입했다는 이야기를 들어보지 못했다. 그들이 골목상권까지 넘보지 않은 것이 정부의 통제 때문일까? 그렇지 않다. 그들은 그것이 상식이라고 생각하기 때문에 골목까지 넘보지 않은 것이다. 우리 재벌들이나 부자들의 모습과는 사뭇 다르다. 골목상권까지 침범해서 자영업의 몰락을 가져오는 이 상황을 내버려두면, 많은 사람이 길거리에 나앉게 된다. 그리되면 우리 경제의 생태계는 극도로 피폐해질 수밖에 없고, 이 모든 부담은 외환위기보다 더한 위기를 가져올 수 있다.

남의 집 곳간에 곡식이 쌓이든 금덩이가 쌓이든 내가 관여할 바는 아니다. 하지만 그 곡식이나 금덩이가 내 것을 빼앗은 것이라면 이야기는 달라진다. 더군다나 그것이 내게 유일하게 남은 하나였다면 단순한 억울함을 넘어 분노가 치밀어오르게 된다. 경쟁력으로 승부를 겨루라지만 애초에 덩치부터 다르니 공정한 게임이 될 리 없다. 손님은 점점 줄어들고 빚은 늘어만 가니 결국엔 정든 가게를 포기하고 전업할 수밖에 없다.

이러한 국민의 한숨과 눈물이 모여 재벌에 대한 반감이 되고 분노가 된다. 그리고 이러한 반감과 분노의 대상은 재벌에 그치지 않는다. 재벌이 내 가족과 이웃의 것을 빼앗아 제 몸만 살찌우도록 방관하고 협조한 정부에 대한 불신으로 이어진다. 따라서 이 문제는 결코 적당히 덮고 넘어가서는 안 된다는 점을 분명히 인식해야 한다. 이 경우 사회의 안정을 위해서라도 정부는 당연히 이 문제에 관여해야 한다. 그렇게 해야만 정부는 국민이 위임해준 역할을 제대로 수행하는 것이 된다.

함께 성장할 수 있다는 공감이 필요하다

이 문제에 대한 해법의 출발점이 곧 동반성장이다. 그리고 동반성장은 대기업이 위기를 겪을 때 위기 탈출의 해법이기도 하다. 고급 자동차를 만들어내는 롤스로이스는 1904년부터 세계 최고급 자동차의 대명사로 이름을 날렸다. 그러나 롤스로이스도 결국 독일의 BMW에 매각되는 위기를 겪어야 했다.

매각된 롤스로이스는 경영위기를 극복하는 방안을 마련해야 했다. 그 방안을 마련하기 위해 롤스로이스의 경영진이 눈을 돌려 바라본 것은 두 가지였다. 한 가지는 새로운 성장동력의 마련이었다. 또 다른 한 가지는 협력사와의 관계였다. 롤스로이스는 신성장동력으로 항공기 엔진을 공동으로 개발하는 계획을 마련했다. 그리고 협력사들에는 새로이 개발되는 항공기 엔진의 판매수익 중에서 일부를 나누어주는 이익공유제를 제안했다.

롤스로이스의 새로운 사업과 이익공유제는 성공을 거두었다. 무려 10억 달러에 달하는 개발비를 협력사와 나눠 부담한 롤스로이스는 새로운 항공기 엔진을 만들어냈다. 그리고 지금은 세계 2위의 항공기 엔진 제조업체로 성장했다. 당연히 협력사들도 자신들이 부담한 개발비의 몫뿐만 아니라 엔진 판매 이익까지 챙길 수 있으니 이것이야말로 상생이자 동반성장인 것이다.

롤스로이스의 협력사들이 그저 납품하고 대금만 받는 관계였고 그 대금마저도 제값을 못 받는 것이었다면 롤스로이스의 성공은 불가능했을 것이다. 롤스로이스와 협력사들은 서로 동반성장을 해야 하는 이유를 공유하고 그 덕분에 성공할 수 있다는 확신을 공감하며 손을 맞잡은 것이다. 미국의 여배우인 메릴 스트립이 말했듯이 "인간의 가장 큰 선물은 공감할 수 있다는 사실이다." 우리 사회도 어느 한쪽이 일방적으로 피해를 봐야 하는 상황에서 벗어나 함께 성장할 수 있다는 공감이 필요하다. 이 공감의 손길은 약자인 중소기업이나 자영업자들이 먼저 내미는 것이 아니라 대기업이 먼저 내밀어야 한다.

동반성장을 단순히 재벌기업들이 천문학적인 수익을 올리는 것을 보고 배가 아파서 하는 소리로 들어서는 곤란하다. 재벌기업들이 납품단가를 후려치지 못하도록 철저히 막고 중소기업 적합업종으로 선정된 분야만이라도 재벌들의 진입을 제한해 중소기업들에게 기회를 보장해주자는 것이다. 내 가족과 내 이웃이 소중한 삶의 터전을 빼앗기는 일을 막아보자는 것이다. 그럼으로써 건강한 경제생태계를 만들어놓았다면 롤스로이스의 사례처럼 언젠가 대기업이 위기를 겪게 되었을 때 동반성장으로 위기 탈출의 실마리를 찾을 수 있다는 것이다.

잿빛 시대의 먹구름을 걷어라

한 치 앞도 내다볼 줄 모르는 것이 인간이라는 말이 있다. 우리는 내일은커녕 당장 한 시간 뒤 우리에게 벌어질 일조차 확신하지 못한다. 하지만 잿빛 구름이 드리워진 장막 속을 걸으면서도 인간은 기술을 개발하고 문명을 발달시키며 유구한 역사를 만들어왔다. 그래서 인간은 위대하다.

미래의 불확실성은 인간에게 희망보다는 불안감을 더 크게 안겨준다. 미래의 본질은 '모른다'는 것이기에 무엇이 어떻게 전개될지 정확히 내다볼 수 있는 사람은 아무도 없기 때문이다. 그럼에도 인간은 미래를 위해 투자하고 연구하며 개발도 한다. 불안하고 불확실한 미래이지만 '노력'을 통해 희망과 확신을 더 크게 채워가기 위해서다.

미래의 불확실성을 극복하려는 인간의 노력은 크게 두 가지로 구분할 수 있다. 첫 번째는 '미래예측'이다. 우리는 동서고금을 막론하고 앞날을 예측하려는 다양한 노력과 시도를 해왔다. 신과 같은 절대자의 능력에 기대어 미래를 예측하려는 다양한 점성술부터 과학이나 철학 등 여러 학문적 근거를 토대로 미래를 예측하려는 시도가 지금까지 이어지고 있다.

'미래예측' 외에 미래의 불확실성을 극복하려는 인간의 또 다른 노력은 '미래에 적극적으로 대응'하는 것이다. 인간은 다양한 노력을 동원해 미래예측의 정확도를 높이려 애쓰지만, 정말 중요한 것은 그러한 예측을 토대로 얼마나 적극 대응하느냐다. 많은 시간, 인력, 다양한 자료와 기술력 그리고 막대한 비용을 감수하면서까지 미래를 예측하려는 것은 단순히 궁금증을 채우기 위한 것이 아니라 특정 조직, 지역, 국가 등이 다가올 외부의 환경변화에 적극 대응하기 위함이다.

지금 우리나라는 '미래'라는 미지의 영역에 대한 불확실성과 더불어 급격한 내외부적 변화로 인한 불확실성까지 가중된 상황에 놓여 있다. 즉, 현재 우리나라는 기후변화 및 화석연료 고갈 전망에 따른 불확실성, 한반도의 지정학적 불확실성, 세계경제로부터의 불확실성, 그리고 한국을 둘러싼 3국, 즉 미국·중국·일본으로부터의 불확실성, 국내경제의 불확실성 등 과거에는 보기 드물었던 커다란 불확실성 속에 놓여 있다.

잿빛 구름을 걷어내려면 잿빛 구름의 정체를 똑바로 알아야 한다. 작게는 개인으로부터 크게는 기업, 사회, 국가 같은 공동체의 영역까지 미래를 예측하고 대응전략을 구사해야 한다. 그러려면 우리를 둘러싼 수많은 영역의 불확실성에 대해 정확히 알 필요가 있다.

불확실성의 시대다

:: 기후변화 및 화석연료 고갈전망에 따른 불확실성

기후변화로 우리나라를 비롯한 지구촌 곳곳이 몸살을 앓고 있다. 지구온난화로 생태계에 변화가 생기고 있을 뿐 아니라 가뭄과 홍수를 비롯한 자연재해도 끊이지 않고 있다. 그런데 이러한 기후변화가 과연 인간의 환경오염에 따른 것인지 아니면 지구 자체의 거대한 주기적 변화 때문인지에 대해서는 과학자들 사이에서도 논란이 끊이지 않고 있다.

원인이 정확하게 밝혀지지 않았다고 해서 아무 대책도 세우지 않고 손을 놓고 있다가는 거대한 자연의 힘에 속수무책으로 당하고 만다. 우선 지구환경을 보호하기 위해 인간이 할 수 있는 일들을 해나가야 한다. 이를 위해 이미 여러 나라에서 의미 있는 정책이 추진되기 시작했다. 이러한 정책 방향은 우리나라 경제에도 커다란 영향을 미치게 될 것이다. 예를 들어 탄소배출량을 줄이기 위한 앞선 나라들의 규제 강화는 자동차를 비롯한 우리나라의 주요 수출 상품에 커다란 영향을 주게 될 것으로 예상한다. 이미 관련 기업들은 그와 같은 높은 규제 수준을 통과하기 위해 기술 수준을 높여야 하는 상황에 직면해 있다.

　지구환경을 보호하기 위해 탄생한 전기자동차, 풍력발전, 태양광 발전 같은 녹색산업은 현재 세계경제를 이끌어가는 새로운 주도적 산업으로 등장하고 있다. 과거 미국 캘리포니아의 실리콘밸리는 IT 산업의 본산지였지만 이미 몇 년 전부터는 녹색에너지를 개발하기 위한 벤처 열풍이 불고 있다. 미국뿐 아니라 우리나라도 녹색산업을 배양하고 이를 우리 경제의 새로운 성장동력으로 발전시키기 위해 정책적인 노력을 아끼지 않고 있다.

　녹색산업은 환경보호 차원뿐 아니라 국가 전략 차원에서도 우리가 매우 중요하게 생각해야 할 문제다. 석유를 비롯한 화석연료가 고갈되기 시작했기 때문이다. 이미 2007년과 2008년에는 원유를 대체하기 위한 천연 에너지의 하나로 콩에서 기름을 뽑아내려는 시도가 적극 진행되었다. 콩 재배 면적이 늘어나긴 했지만 막대한 규모의 콩을 식용이 아니라 대체연료로 이용하는 것 때문에 콩의 국제 시세가 크게 올라 전 세계적으로 콩뿐 아니라 콩의 대체재에 속하는 곡물가격까지 많이 올랐다. 이것 하나만 보더라도 앞으로 원유를 대체하는 새로운 에너지원이 안정적으로 개발되기까지 새로운 실험이 계속되리라 예상되고, 그에 따라 경제의 여러 측면이 영향을 받게 될 것이다.

　기후변화와 원유 등 화석연료의 고갈이라는 두 가지 요인이 결합하면서 녹색산업은 앞으로 각국의 산업발전 방향과 소비자의 생활방식을 바꾸어놓을 것이다. 그런데 문제는 그러한 녹색산업이 과연 얼마나 성공적일까 하는 점이다. 성공의 정도는 기술 수준, 시장 규모, 소비자 생활의 편의성 등 여러 가지 요인으로 결정될 것이다. 즉, 대규모 투자를 하더라도 얼마든지 실패할 수 있음을 염두에 두어야 한다. 이처럼 우리가 가야 할 방향은 모두에게 알려졌다. 하지만 여러 가지 대안 가운데 어느 것이 얼마나 성공할지는 아직 알기 어렵다.

나는 여기에 대해 비관하지는 않는다. 30~40년 전에도 화석연료의 고갈에 대한 위기감이 있었다. 물론 당시에는 요즘처럼 기후변화 또는 환경보호에 대한 인식이 높지는 않았다. 그러나 1973년과 1979년 1차 및 2차 오일 쇼크가 발생하여 원유값이 폭등하자 향후 30년 뒤인 2000년대가 되면 원유가 고갈될 것이라는 우울한 전망이 나왔다. 원유가 고갈되면 미국의 다코다 주를 비롯한 사막지대에 모래형태로 존재하는 원유에서 기름을 추출하는 방법이 남아 있다는 사실도 그때 널리 알려졌다.

당시 까마득히 먼 미래로 생각되던 2000년대가 지금은 이미 10년 전 과거가 되었다. 다행히도 아직 원유는 고갈되지 않았다. 원유 고갈의 위험에 대한 대비책으로 원유를 절약하는 기술이 많이 발전했고 새로운 유전도 많이 개발했기 때문이다. 나는 지금도 환경보호와 화석원료 고갈에 대비하기 위해 녹색성장 방안을 세계 각국에서 내놓고 있으니 이번에도 충분히 성공할 것이라고 생각한다. 다만 그 과정에서 불가피한 것은 우리가 아직 알지 못하는 많은 불확실성을 통과해야 한다는 점이다.

:: 한반도의 지정학적 불확실성

1990년 독일이 통일된 이후 우리나라는 현재 유일한 분단국가로 남아 있다. 분단의 아픔은 이산가족의 깊은 상처가 전부는 아니다. 두 동강이 난 한반도는 격변의 시대에서 힘을 한곳으로 모으기는커녕 주위를 둘러싼 강대국들의 틈바구니에 끼어 생존을 모색해야만 한다. 더군다나 북한의 불안정한 정세와 핵 문제는 가뜩이나 불안한 국제 정세에서 한반도의 지정학적 위기를 부추기고 있다.

북한 현대사에서 전 세계에 유례없는 3대 세습이 이루어졌다. 중세 봉건시대도 아닌데 3대에 걸쳐 세습이 이뤄진 것은 어처구니가 없다. 하지만 이보다 더 우려스러운 것은 3대로 이어지는 권력의 승계 과정이 불안하다는 것이다. 과거 김정일이 김일성에게서 권력을 세습한 과정과 비교했을 때 김정은의 세습과정은 매우 짧은 시간에 진행되었다. 김정일은 비교적 말단부터 시작하여 차근차근 후계자 수업을 받으면서 20여 년에 걸쳐 권력기반을 다져나갔다. 그가 대외적으로 권력의 정상에 올랐을 때는 나이도 중년을 넘겼다. 북한이 경제위기에 식량난까지 겹쳐 위태하게 보였지만 체제의 안정성은 공고해 보였다.

그러나 김정은은 처음부터 고위직에서 출발했고 후계자 수업 기간도 길어야 2~3년밖에 되지 않는다고 알려졌다. 경력도 부족한데다가 젊은 나이에 지도자가 되었으니 체제의 결속력이나 충성도에 문제가 생길 개연성은 매우 높다. 그만큼 체제의 불안함이 노출될 것이고 한반도 정세마저도 불안해질 확률이 갈수록 높아진다는 뜻이다.

북핵 위기가 발생할 때마다 우리 경제에 대한 국가신인도는 흔들렸다. 또다시 한반도를 둘러싼 정세가 심상치 않게 되면 해외 투자자들의 철수를 비롯해 경제 전반에 악영향이 생길 수밖에 없다.

북한의 불안정하고 비정상적인 권력 세습에서 비롯된 한반도의 위기는 여전히 해결되지 않은 북핵문제와 맞물려 지정학적 위기를 더욱 키울 수 있다. 그런데 지금 남북관계는 꽉 막혀 있다. 천안함 피폭사태를 비롯해 여러 가지 갈등이 해소되지 않고 이렇다 할 대화마저 없다. 이 와중에 북한에 대한 중국의 영향력은 갈수록 커지고 있다. 중국의 '동북공정東北工程'은 단지 과거 역사를 중국 위주로 해석하는 것이 아니다. 북한 경제에 대한 중국의 지배력은 이미 각종 경제개발지구의 개발권을 따내는 것을 비롯해 상당 부분 진행되고 있다. 이러한 중국의 한반도에 대한 지배력 강화를 미국, 일본, 러시아 등 관련 국가들이 가만히 두고 볼 리가 없다. 이처럼 북한 정세의 불확실성 확대는 비단 우리 경제뿐 아니라 대한민국의 장기적 진로를 결정짓는 분기점이 될 수도 있는 매우 중요한 문제다.

:: 세계경제의 불확실성

2008 글로벌 금융위기 이후 국가 간 경제적 힘의 이동이 가속화되고 있다. 제2차 세계대전 이후 세계경제를 이끌어오던 경제 패러다임도 심각한 도전을 받고 있다. 이런 경제적 힘의 이동이 지속할 때 언젠가는 세계경제 질서도 지대한 영향을 받게 된다. 그것이 언제가 될지 아직 아무도 알 수 없고, 그런 과정이 시작되었는지도 아직 정확히

알 수 없다. 글로벌 금융위기를 100년 만의 쓰나미라고 표현한 사람이 있었듯이 지금과 같은 세계 경제질서의 변화 조짐 역시 100년 만에 처음 보는 일대 사건임이 분명하다. 그런 만큼 우리 경제는 적절한 분석과 예측을 기반으로 국가적 대응전략을 모색해야 한다.

미국의 불확실성

미국경제가 순조로이 회복되지 못하고 미국 시민의 인내심이 바닥을 드러내면 미국경제로부터 추가적인 불확실성이 불거질 수 있다. 미국은 원래 청교도들이 세운 나라로 미국사람들은 다른 나라에서는 찾아보기 어려울 정도로 원칙주의자들이다. 자기들이 옳다고 믿는 일에 대해서는 웬만하면 좋은 게 좋다는 식으로 타협하는 법이 없다. 이러한 미국인의 특성은 국제사회에서 오만 또는 오기로 받아들여지기 쉽다. 그럼에도 미국이 자기가 옳다고 믿는 방향으로 정책을 추진할 만한 힘이 있을 때는 그것이 통했다. 그러나 이제 그들은 그렇게 할 만한 지도력을 많은 부분에서 상실한 상태다.

미국인들의 두 번째 특징은 매우 실리적이고 현실적이라는 점이다. 미국은 이민자들로 이루어진 나라다. 자기가 태어난 고향을 뒤로하고 새로운 삶을 찾아나서는 것은 쉬운 일이 아니다. 무척 실리적이고 현실적이지 않고는 선뜻 택하기 어려운 일이다. 그러므로 미국은 가끔 명분을 버리고 아주 현실적인 방향으로 정책을 돌변할 수 있는 나라다. 위에서 말한 원칙주의 성향과 실리적인 성향 때문에 미국의 정책도 역사적으로 볼 때 팽창과 고립을 시계추처럼 반복했다.

오바마가 대통령에 당선되었을 때 미국인들은 고정관념을 버리고 매우 창조적인 선택을 했다. 무너진 경제를 다시 일으키는 것은 시간이 많이 필요하고 많은 고통이 따라야 하는 일이다. 그런데 지금 미국인들은 인내심을 잃어가고 있는 것 같다. 미국인들이 인내심을 잃어버린다면 미국의 정책도 언제든 자국의 이익을 극대화하는 방향으로 돌변할 수 있다. 그 경우 미국의 정책은 다른 나라의 정책과 마찰을 빚게 될 것이다. 그러면 우리나라처럼 규모가 작은 경제는 요동치지 않을 수 없을 것이다. 나는 그들이 현명한 선택을 하기 바라지만 그들의 성향이나 그들의 역사를 볼 때 미국의 불확실성은 우리가 주의 깊게 주시해야 할 부분이다.

중국의 불확실성

미국의 불확실성보다 좀 더 크게 보이는 것은 중국의 불확실성이다. 30년 전 중국은 경제적으로 빈국이었지만 그 이후 지금까지 엄청난 성장을 이뤄 동북아는 물론 세계경제와 국제정치 질서의 그림을 바꾸어놓고 있다. 문제는 중국이라는 나라가 자기 목소리를 가감 없이 내고 있다는 점이다. 그리고 자기 목소리의 내용이 인류의 보편적 가치를 지향하고 세계와 지역의 평화를 추구하는 것이 아니라 국가적인 영광을 추구하는 대단히 국가주의적이라는 점이다.

중국은 청나라 말기 이후 중일전쟁과 태평양전쟁을 거치는 과정에서 영국에 홍콩을, 네덜란드에 마카오를, 일본에 타이완을 빼앗기고 불평등 조약에 따라 러시아에 영토를 내주어야 하는 굴욕을 당해야 했다. 하지만 지금 중국은 그때의 굴욕을 씻어내고 과거 청나라 전성기의 영토를 회복하자는 것이 국가의 최우선순위 어젠다이다. 나아가 한반도와 동남아 전역, 중앙아시아의 상당 부분을 아우르는 세력권을 형성하겠다는 것이 그 다음 어젠다이다. 그 세력권에 한반도 전역이 들어가 있다는 점이 우리를 긴장하게 한다.

중국의 국가주의적 성향은 앞으로 중국의 경제적 힘이 강해질수록 더욱더 강화될 것이다. 말로는 평화롭게 우뚝 선다는 뜻의 '화평굴기和平崛起'를 내세우지만, 지금 중국이 그렇게 하고 있다고 생각하는 사람은 아무도 없다. 경제적 힘을 축적했으니 이제는 그 힘을 경제적 측면뿐 아니라 정치·외교, 안보, 전략적 측면에서도 유감없이 휘두르겠다는 것이 지금 중국의 모습이다. 동북공정만 보더라도 화평굴기라는 말 뒤에 숨어 있는 중국의 속내를 알 수 있지 않은가.

중국의 옛 성현들은 패도정치보다는 왕도정치가 더 좋은 것이라고 역설했는데 지금의 중국은 왕도국가보다는 패도국가에 가깝다. 지금부터 약 10년 전 중국과 우리나라 사이에 마늘 분쟁이 일어났다. 중국산 마늘에 대해 우리나라가 이의를 제기하자 중국은 바로 휴대전화의 수입을 금지하겠다고 나왔다. 결국 우리나라가 두 손을 들고 말았다. 중국은 구매력을 앞세워 단숨에 우리를 굴복시킨 것이다. 현재 일본과의 영토분쟁에서도 일본산 제품을 사지 않겠다고 들고 일어나자 일본은 꼬리를 내렸다.

게다가 중국이 G2의 반열에 올라서자마자 세계 여러 나라 사람에게 중국은 북한 편이라는 사실을 천안함 사건을 계기로 재확인시켜

주었다. 몇 년 전부터 차근차근 진행하고 있는 동북공정은 물론이고 6·25전쟁 당시 북한 인민군을 도와 통일을 좌절시킨 것을 정의로운 전쟁이라고 정부 차원에서 공표하기도 했다. 세계경제의 새로운 강자로 부상한 중국이 이처럼 우리에게는 커다란 불확실성으로 다가오고 있다.

미국과의 환율문제에서도 중국은 거대한 시장과 엄청난 구매력을 앞세워 미국과 타협하지 않고 있다. 더군다나 미국의 채권을 가장 많이 가진 나라가 바로 중국이다. 그만큼 중국은 이제 종이호랑이가 아니다. 조어도 문제에서는 자원을 앞세워 일본을 단번에 굴복시켰다. 마치 춘추전국시대에 중원을 차례차례 점령해나가는 패권국가의 전쟁일지를 보고 있는 느낌이다.

특히 중국의 경상수지 흑자 문제는 심각하게 봐야 할 필요가 있다. 중국은 지금도 막대한 경상수지 흑자를 내고 있고 외화보유액은 무서운 속도로 늘어가고 있다. 과거 10년 동안 중국은 막대한 외화보유액을 바탕으로 미국 국채를 사들였다. 그 결과 미국경제는 GDP의 5~6퍼센트에 달하는 경상수지 적자를 자본수지 흑자로 메울 수 있었다. 중국에서 저가제품이 대량으로 수입되다보니 미국경제는 금리를 낮은 수준으로 유지해도 인플레이션이 발생하지 않았다. 그 대신 자본수지 흑자를 통해 미국 내에 버블이 형성되었고 그것이 붕괴하면서 미국은 물론 전 세계 금융시장이 홍역을 치러야 했다.

글로벌 금융위기의 근저에는 이와 같은 글로벌 불균형Imbalance이 자리 잡고 있다. 미국의 경상수지 적자와 중국의 경상수지 흑자가 구조적으로 자리 잡으면서 예상치 못한 곳에서 문제를 일으킨 것이다. 글로벌 금융위기가 지나간 후 미국과 중국 사이에 불균형이 어느 정도 해소된다 하더라도 글로벌 불균형 자체가 해소되지 않는 한 세계경제는 불안정할 수밖에 없다. 즉, 앞으로 중국이 투자처로 선택한 나라는 곤욕을 치를 수밖에 없다는 것이다.

중국의 경상수지 흑자 규모가 대폭 축소되지 않는 한 중국은 날로 증가하는 외화보유액을 활용할 투자처를 찾지 않을 수 없다. 그 경우 중국이 투자처로 지목한 나라에는 중국자본이 대거 유입될 것이고, 그 경제에는 모종의 버블이 발생하지 않을 수 없다. 그리고 그 거품이 꺼지는 순간 그 나라의 금융산업은 흔들리지 않을 수 없을 것이다. 그 나라의 금융시장이 다른 나라와 연계되어 있다면 그 나라의 금융산업의 위기는 순식간에 전 세계 금융시장으로 번져 제2의 글로벌 금융위기가 발생하게 될 것이다.

글로벌 불균형을 없애야 한다는 주장은 비단 미국이 자국의 이익을 보호하기 위한 이기적인 주장이라고 치부할 수 없는 사안이다. 이는 우리나라에도 매우 중요한 이슈일 수밖에 없다. 문제는 중국이 자국의 단기적인 이익 또는 자국의 경제적 영향력 확대를 즐기면서 그러한 요구에 귀를 기울이지 않을 경우 생긴다. 이 경우 세계경제가 혼란이 끊이지 않는 무질서한 시대로 접어들지 않겠느냐는 극단적 우려 또한 감출 수 없다.

일본의 불확실성

일본의 불확실성은 어쩌면 중국의 불확실성보다 이른 시일 안에 현실화될 가능성이 있다. 다름 아닌 일본의 국가부채 때문이다. 일본의 국가부채는 지금 세계에서 가장 높은 수준으로 GDP의 200퍼센트가 넘었다. 지금도 일본은 국세수입의 절반을 이자를 내는 데 써야 한다. 우리로서는 상상을 초월하는 상황이다. 일본의 금리가 1퍼센트만 올라도 일본의 재정은 파탄에 이를 것이다. 이미 국제신용평가사들은 일본의 국가신인도를 더 낮출 준비를 마쳤다.

일본의 국채는 95퍼센트 정도를 우편예금을 비롯한 일본 금융기관과 일본 소비자들이 보유하고 있어 국가부채 문제 때문에 외환위기가 발생할 가능성은 낮은 것으로 평가되고 있다. 또 일본경제는 아직도 기술수준이 세계 최고여서 늘 GDP의 3퍼센트 정도 경상수지 흑자를 내는 저력을 보여 외환수급에는 아직 문제가 없다. 바로 이 점 때문에 일본의 국가채무 문제가 아직 가시적인 파문을 일으키지 않는 것이다. 그러나 제아무리 일본이라 하더라도 국가채무가 무한정 늘어날 수는 없는 일이다. 지금도 일본은 당면한 경기침체에서 벗어나기 위해 매년 국채를 GDP의 6~7퍼센트씩 늘리고 있지만 일본 정부와 의회는 그에 대비한 신뢰할 만한 대책을 세우지 못하고 있다.

일본 국채규모가 한계점을 넘어 국채 가치에 대한 평가가 떨어지기 시작한다면 비록 외환위기 상황은 도래하지 않을지 몰라도 국채를 보유하고 있던 일본의 금융회사와 소비자들의 자산가치는 폭락할 수밖에 없다. 그렇게 되면 일본은 금융중개기능에 커다란 타격을 받을 것이고 소비자들의 구매 여력도 크게 손상될 것이다. 일본경제의 '잃어버린 10년'이, 아니 어쩌면 '잃어버린 20년'이 다시 시작될지 모른다. 이러한 부정적인 시나리오가 현실화된다면 그것이 우리에게 긍정적인 영향을 미치지는 않을 것이다.

:: 국내경제의 불확실성

우리나라 경제에도 불확실성이 누적되고 있다. 단기적으로는 가계부채 누적에 따른 불확실성이 있다. 지금 가계부채는 가처분소득의 163퍼센트에 달한다. 혹자는 미국과 일본에서 가계부채가 가처분소득의 140퍼센트에 달했을 때 금융위기가 발생했다고 주장한다. 우리나라는 이미 그 수준을 넘어서고 있다. 문제가 아무리 심각해 보이더라도 그에 대한 대책이 마련되어 있다면 크게 걱정하지 않아도 된다. 그러나 우리나라는 가계부채 문제에 대해 이렇다 할 대책을 마련하지 못하고 있다. 가계부채를 줄이기 위해 금리를 올려야 한다고 하면 서민들의 생계가 위협받으니 안 된다고 한다. 마치 서민의 생계를 걱정해주는 듯한 논리로 저금리를 유지하는 사이에 서민들의 빚은 위험 수준까지 늘어나고 서민들의 생계는 오히려 크게 악화되었다.

이러한 상황에서 만약 어떤 계기로 소비자들의 상환능력이 떨어지기라도 하면 부실채권이 누적되는 금융회사들이 많이 나올 것이다. 그 경우 대출회수가 일어날지 모르며 그렇게 되면 소비자들의 소비 여력은 더욱더 줄어들어 내수침체와 상환능력 악화가 상승작용을 일으켜 문제를 심화시킬 것이다. 나는 이러한 상황을 매우 우려하고 있다.

우리가 IMF 이후 경제 구조조정을 성공적으로 해보았다고는 하지만 그것은 몇 안 되는 일부 대기업을 중심으로 한 것이었다. 대기업의 부실채권은 다양하고 대규모였지만 채권단이 모여 정부와 함께 손실을 분담하고 경영진을 교체하며 금융회사에 공적자금을 투입하는 등 정해진 절차를 밟아 구조조정을 해나가면 되는 것이었다. 그런데 만약 수많은 소비자가 한꺼번에 파산지경에 이른다면 뚜렷한 해결 방법이 없다. 허리띠를 졸라매가며 고통을 참는다 하더라도 한두 해 가지고는 문제 해결을 기대하기 어려울 것이다.

지금 정책당국은 우리 경제의 가장 심각한 위험요인인 가계부채 문제를 본격적으로 다루려 하지 않는다. 가계부채가 무한정 확대될 수는 없다. 여기에도 어떤 한계점이 있게 마련이다. 가계부채의 확대 추세가 지금처럼 유지된다면 오래지 않아 반드시 우리 경제에 커다란 부담을 주게 될 것이다.

한편 우리는 고령 사회로 접어들고 있다. 이는 우리가 한 번도 경험해보지 못한 새로운 상황이다. 게다가 우리나라의 고령화 속도는 세계에서 가장 빠르다. 지금부터 30~50년 뒤 우리나라는 고령인구 비율이 세계에서 두 번째로 높은 나라가 될 것이라는 OECD의 연구가 있다. 고령 사회가 되면 세금을 낼 사람의 숫자가 줄어들고 정부 지원을 받아야 할 사람의 숫자는 많아진다. 결국 재정 여건이 악화될 수밖에 없는 것이다.

우리나라는 생산가능인구, 즉 일할 수 있는 15세에서 64세까지의 인구가 2016년부터 줄어들기 시작한다. 이 무렵부터 우리나라 재정은 고령화 부담을 본격적으로 안게 될 것이다. 그리고 이 부담은 인구추계가 나와 있는 2050년까지 매년 가중될 것이다.

어떤 재정학자의 연구에 따르면 현재 세대보다 아직 태어나지 않은 미래세대의 조세 부담이 2.2배라고 추계한다. 그럼에도 정부는 세원을 확대하고 불필요한 지출을 줄이는 문제에 대해서는 구체적인 대안을 내놓지 못하고 있다.

함께 생각을 모으고 길을 찾아 잿빛 구름을 걷어라

잿빛 구름을 걷고 불확실성을 헤쳐나가기 위한 첫걸음은 우리 모두의 생각을 모으고 길을 찾는 것이다. 그래야 우리나라가 앞으로 생존을 유지할 수 있다.

2006년 봄, 미국 프린스턴대학교 우드로 윌슨 스쿨이 설립 75주년을 맞았다. 그런데 우드로 윌슨 스쿨은 75주년 기념 세미나를 뜻밖에도 도쿄대학에서 개최했다. 세미나의 타이틀은 '일본과 미국: 지난 20년과 다음 20년Japan and the United States: the Last 20 years and the Next 20 years'이었다. 당시 일본의 고이즈미 정부와 미국의 조지 W. 부시 정부는 밀월관계였다. 그래서 우드로 윌슨 스쿨의 설립기념 세미나를 도쿄대학에서 개최한 것이 아닌가 싶다.

세미나에 참석한 내 지인이 나에게 들려준 이야기로는 그날 세미나의 이슈는 온통 일본과 중국뿐이었다고 한다. 필리핀과 인도네시아 같은 동남아 국가는 물론 타이완과 한국에 관한 언급도 거의 나오지 않았다. 경제와 안보라는 두 가지 이슈를 가지고 오전과 오후에 걸쳐 세미나를 했는데 세미나가 끝나갈 때쯤 도쿄대학 학생이 질문을 했다.

"오늘 오전과 오후 내내 강연과 토론을 잘 듣긴 했는데 아직도 잘 모르겠다. 앞으로 20년 안에 동아시아의 1등 국가 Number One Country 는 일본이란 말인가? 중국이란 말인가?"

이 질문에 대해 거기에 참석한 미국과 일본의 교수들은 확정적인 답을 하지 못했다. 내 지인이 '일본 학생들은 앞으로 자신들이 성장하여 나라의 주인이 되었을 때 일본이 아시아를 주도하는 나라일 것인가 아닌가를 고민하는 처지구나' 하는 점을 깨달았다고 했다. 우리나라 학생들이 그런 처지가 되지 못하는 것이 안타까웠고 기성세대로서 미안한 마음에 무거운 책임감을 느꼈다고 했다.

그런데 그가 세미나가 끝나고 귀국하는 비행기에서 다음과 같은 기사가 실린 신문을 보았다고 했다.

"서울의 한 대학 학생회가 대학 측과 등록금 인상을 놓고 투쟁하다가 총장실을 점거했는데 학교 측에서 그 학생들을 출교 조치했다."

이 기사를 보면서 도대체 우리나라 학생들은 자기 나라의 미래에 대해 어느 정도 관심이 있는지 안타까운 생각이 들었다고 했다.

물론 그 당시 그 대학 학생들로서는 등록금 문제가 가장 중요한 이슈였을 것이다. 그 학생들의 주장이 전혀 일리가 없었다는 말은 아니다. 그러나 분명한 것은 그보다 더한 위기가 우리 모두에게 닥치고 있다는 것이다. 앞으로 10년 뒤, 20년 뒤 우리나라가 국제적으로 어떤 위치에 있을 것이며, 그 때문에 우리 국민의 삶이 어떻게 변화될 것인지에 대한 고민 없이는 우울한 잿빛 미래에서 결코 자유로울 수 없다.

당장 등록금 인상 철회와 나아가 등록금 인하 협상이 관철되는 것도 중요하지만 우리는 왜 이 땅의 수많은 대학생이 휴학과 복학을 반복하며 학교에 다녀야 하는지, 힘겹게 학업을 마치고 나서도 변변한 직장을 찾지 못해 88만 원 세대라는 멍에를 짊어져야 하는지, 왜 나의 부모님은 밤낮없이 열심히 일하는데도 가계부채는 늘어만 가는지, 그 근본 원인을 볼 줄 알아야 한다. 그래야만 그 모든 것을 한꺼번에 풀 수 있는 열쇠도 찾을 수 있다. 모두가 생각을 모으고 길을 찾아야만 우리나라가 앞으로 생존을 유지하고 국익을 증대하며 모두가 행복한 나라로 나아갈 수 있다.

1퍼센트만을 위한 사회는 옳지 않다

미국에서 흑인의 참정권이 법적으로 보장된 것은 20세기가 시작되기 전이었다. 그러나 20세기 중반까지 흑백차별법이 엄연히 존재했고, 명목상의 자유보다 일상에서의 차별은 공공연하게 발생했다. 1960년대를 거쳐 민권법이 통과될 때까지 많은 흑인이 멸시와 차별 그리고 생명의 위협까지 받아야 했다. 그때 마틴 루터 킹 목사가 분연히 일어나자 주위에서는 이런 차별이 일어난 것이 어제오늘 일도 아닌데 괜히 호들갑이냐고 비아냥거리거나 험한 일을 당할 수도 있다며 자제하라고 조언했다. 목숨의 위협까지 받아야 했던 킹 목사는 '나에겐 꿈이 있습니다'는 연설을 통해 자신이 꿈꾸는 세상을 사람들에게 알려주었다. 단지 흑인들을 도와달라는 호소가 아니라 백인이든 흑인이든 간에 모두가 함께 꿈을 꿀 수 있는 세상을 만들자고 호소했다. 그 호소는 들불처럼 미국 전역으로 퍼져서 마침내 민권법이 제정될 수 있었다.

내가 동반성장 문화의 조성과 확산을 위해 고군분투하는 것을 보며 사람들은 내게 묻는다.

"대기업과 중소기업 사이의 부당한 관행과 대기업의 골목상권 침해 등 수많은 불공정한 일이 우리 사회에 만연해온 지 수십 년이 흘렀는데, 왜 하필 이 시점에서 동반성장을 들고 나오는가?"

이러한 우문은 '여태껏 잘 두들겨 맞고 있다가 왜 이제 와서 발끈하느냐?'는 것이다. 어제까지 아무 말 없이 두들겨 맞았다고 해서 오늘도, 그리고 앞으로도 찍소리 말고 두들겨 맞아야 하는가? 그러기엔 이 사회가, 우리 미래가 너무나 불행하지 않은가 말이다. 격렬한 갈등의 뇌관이 사회 곳곳에 잠재되어 누구라도 건드리기만 하면 걷잡을 수 없이 폭발할 수 있는 지금의 상태를 '새삼스레 왜 그러냐?'는 말로 덮어두고만 있을 수는 없다. 뇌관을 제거해 다시 한 번 꿈을 꿀 수 있는 사회를 만들어야 하지 않는가?

주위에서 지금도 동반성장과 관련해 엉뚱한 질문을 하고 회의감을 드러내는 것을 보노라면, 제발 신문이라도 제대로 보라고 하고 싶다. 신문에서는 현재 벌어지는 우리나라의 불공정한 관행과 제도를 지금 바로잡지 않으면 안 되는 상황에 와 있다고 연일 보도하고 있다. 비단 우리나라뿐 아니라 세계경제 전반에 걸쳐 기존의 신자유주의적 패러다임의 수정을 바라는 거대한 흐름과 일치하는 일이라는 지적은 나 말고도 많은 전문가가 하고 있다.

글로벌 금융위기 이후 세계 여러 나라에서 변화의 흐름이 거세지고 있다. 시장과 자본주의에 대한 사람들의 생각 자체가 변하고 있다. 미국 맨해튼 주코티공원에서 시작된 '월가를 점령하라Occupy Wall Street'는 시위가 처음 벌어질 때만 해도 세상이 변하기 시작했음을 실감하는 사람은 그다지 많지 않았을 것이다. 경제가 어려워질 때 시위가 일어난 일은 종종 있었다. 그러나 월가 시위는 성격이 좀 다른 것 같았다. 겉으로는 규모가 작고 사소해 보이지만, 알고 보면 변화의 커다란 흐름을 미리 알려주는 하나의 징조일지 모른다는 예감이 들었다. 아니나 다를까, 그 시위는 점점 커지더니 전 세계의 뜨거운 이슈로 떠올랐다.

사람들은 지금 '누구 못지않게 열심히 일해왔는데 왜 내 생활은 나아지지 않는가?' 하는 매우 핵심적인 질문을 던지고 있다. 열심히 일하면 생활이 나아지는 새로운 패러다임으로 바뀌어야 하지 않느냐고 묻는 것이다. 이는 근본에 대한 물음이다. 이 근본이란 비단 경제적인 문제뿐만 아니라 인간의 삶에 대한 근원적인 문제를 뜻한다. 그리고 이 물음은 국경을 넘어 여러 나라로 확산되고 있다.

학자나 전문가들이 현학적인 분석과 주장을 쏟아낼 때 즉각적인 변화는 거의 만들어지지 않는다. 그러나 일반 사람들이 이처럼 간단명료하게 자기들의 생각을 표출하기 시작하면 얘기가 달라진다. 엄청난 변화가 가능한 토양이 형성되고 있음을 의미하기 때문이다. 이는 역사의 새로운 흐름으로 보아야 한다. 기존의 경제 패러다임이 시대에 맞지 않아 변화가 필요하다면 가차 없이 수정해야 한다.

'천재 한 사람이 만 명을 먹여 살린다'는 것만큼 기존의 패러다임을 더 잘 표현하는 말이 있을까? 어떤 천재들은 '내가 돈을 벌어야 일자리가 만들어지니 내가 하는 일에 간섭하지 마라'고 해왔다. 심지어 '경제를 살리려면 내가 돈을 더 잘 벌 수 있도록 나를 도와야 한다'고도 했다. 이 말이 처음 나왔을 때 사람들은 그럴 수 있다고 보았다. 역사적으로 수십만 명을 먹여 살렸다는 천재들의 이름을 어디선가 들어본 적이 있었기 때문이다. 그리고 천재라는 사람들 덕분에 내 살림살이도 나아질지 모른다는 막연한 기대를 하기도 했다. 그런데 그들이 천문학적 수익을 올리면서도 일자리는 오히려 조금씩 줄어들자 사람들은 그들이 결국 수십만 명보다는 자기들 배만 불린 것이 아닌가 하는 의혹을 품게 되었다.

그러던 중 글로벌 금융위기가 발생한 뒤 미국에서는 세금으로 구제받은 은행 임직원들이 위기 이전보다 보너스를 더 많이 챙겼다는 것이 드러났다. 파산을 눈앞에 둔 AIG는 미국 정부의 지원으로 가까스로 문 닫는 것을 피할 수 있었다. 그런데 글로벌 금융위기의 여파가 채 가라앉기도 전인 2009년에 1억 6,000만 달러의 보너스를 지급했다. 그것도 애초 계획인 4억 5,000만 달러의 일부라고 했다. 파산 직전에 몰린 AIG에 미국 정부는 국민의 세금으로 1,800억 달러를 지원해주었다. AIG의 경영진을 비롯한 임직원들은 전 세계에서도 뒤떨어지지 않는 엘리트일 것이다. 한창 잘나갈 때는 천재 소리를 들었던 이들이다. 그런 천재들이 벌인 희대의 쇼는 평범한 사람들이 봤을 때 도저히 받아들일 수 없는 비상식이자 탐욕이었다.

이런 광경은 비단 AIG에서만 볼 수 있는 것이 아니었다. 월가의 금융회사들은 저마다 자신의 뱃속을 채웠다. 자기들이 세상을 망쳐놓고 말이다. 전 세계의 많은 사람이 이런 현실을 지켜보면서 '천재 한 사람이 만 명을 먹여 살린다'는 패러다임의 지배원리는 다름 아닌 '탐욕'이었음을 깨닫게 된 것이다. 따라서 그런 시스템 대신 일하고 싶으면 일자리를 얻을 수 있고, 열심히 일하면 형편이 점점 나아지는 세상을 만들어달라고 하는 것이다. 글로벌 금융위기를 초래한 신자유주의적 자본주의 패러다임을 새것으로 바꾸어달라고 요구하는 것이다. 실제로 여론조사 결과 '자유시장경제가 세계의 앞날을 위해 가장 좋은 체제라고 생각하는가?'라는 질문에 '그렇다'고 응답한 미국인의 비율은 2009년 74퍼센트에서 2010년 59퍼센트로 급격히 떨어졌다. 이는 67퍼센트를 기록한 중국보다도 낮은 수치여서 미국의 기업과 가계 사이에 맺어진 사회계약의 파기가 임박했다는 조짐으로 받아들여지고 있다. 또 글로벌 금융위기의 가장 큰 후유증은 자본주의에 대한 신뢰의 위기라는 분석을 낳고 있다.

분노하는 사회

사람들은 이제 더이상 '내 탓이오' 하지 않는다. 문제가 나에게만 일어난다면 그것이 혹시 내 탓이 아닐까 반성도 하겠지만, 내 이웃들 모두에게서 같은 문제가 일어난다면 결코 내 탓일 수 없음을 알게 된다. 내가 가난한 것은 내가 열심히 일하지 않았기 때문이라고 생각하던 사람들이 내 이웃이 가난하고 그 이웃의 이웃까지 모두 가난한 것을 보고는 이 사회가 병들어가고 있음을 깨닫게 된다. 그리고 그 원인이 내가 미처 보지 못한 더욱 깊은 곳에 있음을 알고는 분노하게 된다.

미국과 유럽에서 일어난 '월가를 점령하라!' 시위는 글로벌 금융위기를 몰고 온 거대 금융자본에 대한 99퍼센트 일반 국민의 비판이었다. 1퍼센트만을 위한 사회는 옳지 않다는 것이다. 우리나라는 금융자본이 문제를 일으키지는 않았기 때문에 월가 점령시위가 우리나라에는 해당하지 않는다는 말이 많았다. 이 얼마나 어이없는 말인가. 금융자본의 문제가 아니라 '1퍼센트의 탐욕'에 대한 서민들의 불만이 전 세계를 뒤덮고 있다는 징조를 이리도 근시안적으로 해석하니 답답할 따름이다. 비록 우리나라에서는 조직적인 시위로까지 확산되지 않았으나 이미 우리 국민도 월가에서 부르짖는 '1퍼센트 부자들의 탐욕을 99퍼센트가 막자!'라는 정서에 대부분 공감하고 있다. 다만 우리나라 99퍼센트의 분노의 대상은 금융자본이 아니라 재벌이라는 것이 월가 점령시위의 경우와 다른 점이다.

'아무리 해봤자 안 되더라'는 생각에 이르면 그 사람은 용서 없는 분노의 감정을 가지게 된다. 인터넷과 트위터에는 온갖 비난, 절규, 악성 댓글이 난무하고 있다. 이 글들에서는 관용이라고는 도무지 찾아볼 수 없는, 입에 담기 어려운 막말들이 마구 떠돌아다닌다. 자신과 생각이 다른 사람들에게 가차 없이 분노를 쏟아낸다. 분노의 대상은 자신의 문제를 해결해주지 못하는 정치권으로 맞추어지고 있다.

많은 사람이 정당이 왜 필요하냐는 질문을 던지고 있다. 정당이나 정치인뿐 아니라 학자, 언론인, 공무원, 법조인, 교사 할 것 없이 그 누구의 권위도 인정하지 않는다. 문자 그대로 우리는 '분노하는 사회 Angry Society'에 사는 것이다.

살림살이가 나아지지 않는 원인을 자기 자신이 아니라 정치 사회적 외부 환경에서 찾으려 하며 자신의 신세를 처량하게 만든 그 누군가에게 분노를 품는 의식 변화는 자연스러운 것으로 봐야 하지 않을까? 1퍼센트에 대해 원망을 품는 마음은 처지를 바꾸어보면 충분히 이해가 되는 일이다. 그렇다면 이러한 현실을 외면하거나 문제 해결을 위해 적극적으로 나서지 않는 정치권이 각성해야 하지 않을까? 정치인이 아무리 정당의 이익, 권력의지에 따라 움직인다고 하지만 그들이 진정 원하는 권력의지는 과거처럼 국민 위에 군림하는 것이 아니다. 이제 권력의지는 가장 낮은 곳부터 챙기며 진정한 개혁을 이루고 모두가 함께 성장하는 사회를 만들겠다는 의지여야 한다. 세상의 많은 사람이 이미 저만큼 앞서 가는데 우리 정치권만 여전히 20세기의 이전투구 양상을 보이는 것은 아닌지 걱정스럽기만 하다.

옛말에도 가난하면서 원망을 품지 않기는 어렵다고 하지 않았던가. 또 부자이면서 교만하지 않기는 쉽다는 말도 있다. 부자들이 쉬운 일도 하지 않으려 하면서 가난한 사람들이 어려운 일을 하지 못한다고 비난하고 나선다면 그것은 사리에 맞지 않다. 지금 우리 사회에서 가난한 사람들이 원망을 품는 것을 두고 그들에게 '배고픈 것은 참아도 배 아픈 것은 못 참는 사람들'이라며 손가락질할 수 있는가? 1퍼센트보다 99퍼센트를 위한 세상을 만들어달라는 당연한 요구를 하는 사람들에게 1퍼센트를 시기 질투한다고 비난만 해서는 안 된다. 가난한 사람들의 원망을 조롱하는 것보다 부자들의 교만을 먼저 질타하는 것이 순서 아닌가? 부자들이 먼저 교만을 버린 뒤 가난한 사람들이 원망을 버리기를 바라야 한다. 교만한 부자들에게는 아무 말도 하지 않으면서 가난한 사람들의 원망만 비난할 수 있는가? 1퍼센트의 말과 행동이 99퍼센트의 눈에 과연 어떻게 비쳐왔겠는지, 그동안 1퍼센트가 한 말과 행동이 교만했던 것은 아닌지 되돌아보는 것이 순서가 아니겠는가?

비뚤어지고 뒤틀린 생각이라며 꾸짖기만 해서는 원망하는 마음은 절대로 누그러지지 않는다. 꾸짖는 사람도 그 처지가 되어보면 누구보다 앞장서서 원망과 분노의 마음을 쏟아낼 것이기 때문이다.

이성의 힘으로 99퍼센트를 움직여야 한다

대통령, 국회의원, 시장 등을 뽑는 선거철이 되면 각 후보는 알아서 자신을 낮추고 국민 틈으로 파고든다. 마치 애초부터 그들은 국민과 한 몸이었던 것처럼 행동한다. 그리고는 애써 눌러두었던 국민의 분노를 끄집어낸다. '당신 마음 다 안다. 얼마나 억울한지, 얼마나 분노하는지 다 안다. 그 응어리진 마음을 풀어주기 위해 내가 왔다!'며 사람들의 마음을 자극하고 원망과 분노를 이용하려 든다. 그들이 지금까지 국민을 위해 일하겠다고 한 정책을 진정으로 실현했다면 이 사회는 많이 바뀌었을 것이다. 그런데 그렇게 하지 못했다. 그 이유는 공약으로 내건 정책이 그저 표를 얻기 위한 선심성 공약이었거나 애초부터 실현 가능성이 낮은 빈말이었기 때문이다. 진정으로 이 사회를 위한 정책을 만들기 위해 노력하기보다 당장 한 표를 얻기 위해 얼렁뚱땅 만들어낸 것이니 빛 좋은 개살구에 불과한 경우도 많았다.

물론 개중에는 진심으로 국민의 원망과 분노를 안타까워하고 그것을 해결해주는 정치를 해야 한다는 사실을 알고 있는 후보들도 있다. 하지만 적지 않은 정치인이 국민의 분노를 이용했음을 우리는 오랜 경험을 통해 이미 알고 있다.

내 안에 분노가 가득 차 있으면 이성은 바닥으로 가라앉게 된다. 그리고 분노에 차 있는 나 자신의 문제에 귀 기울이고 그것을 해결해줄 것 같은 사람, 이성보다는 감성에 호소하는 사람에게 열광한다. 그래서 분노의 시대에 주목받는 정책은 감성에 호소하는 정책이다. 그러나 그 감성에 호소하는 정책이란 것이 정녕 아픈 현실을 보듬고 미래를 차근차근 준비하는 내실 있는 정책이었는지 따져봐야 한다. 그렇지 않고는 단지 선거 때만 사람들의 감성을 툭 건드리고 마는 포퓰리즘에 불과하다. 아르헨티나의 파란만장한 역사를 보면, 이러한 감성에 호소하는 포퓰리즘이 나라를 어떻게 망치는지 알 수 있다. 20세기 초만 해도 아르헨티나는 번영을 구가하는 경제강국이었다. 미국이 부럽지 않을 만큼 강대국의 면모를 갖추고 있었다. 게다가 두 번에 걸친 세계대전에도 휩쓸리지 않았으니 아르헨티나의 장래는 밝아 보였다.

그러나 당시 아르헨티나도 대공황의 여파에서 벗어나지 못했다. 또 일부 대기업과 다국적 기업 중심의 경제 구조 때문에 양극화의 기미를 보이고 있었다. 바로 그때 후안 페론이 군사쿠데타를 통해 정계에 입문하고 대통령의 자리에 올랐다. 그는 서민들의 지지를 등에 업고 대통령에 당선되었다. 대통령이 된 그는 전 국토의 3분의 1에 달하는 지주들의 토지를 몰수해서 가난한 사람들에게 분배하고 국가의 기간산업을 균형발전이라는 이유로 수도와 몇 천 킬로미터나 떨어진 오지에 조성한 산업단지로 이전했다. 게다가 외국의 기업마저 몰수해 국유화했다. 그의 부인인 에바 페론은 무상의료와 퍼주기식 기부로 서민들의 마음을 샀다.

페론의 포퓰리즘은 아르헨티나의 추락을 앞당기는 결과를 불러왔다. 갑작스러운 임금과 물가 상승으로 수많은 기업이 흔들렸고 외국 자본은 줄줄이 아르헨티나를 떠났다. 그 결과 빈민층과 실업률의 급속한 증가와 함께 국가 경쟁력도 약화되어 나락으로 곤두박질치고 말았다. 감성에 호소하는 페론의 정책은 무분별한 복지 남발로 기록되었다. 전 세계에서는 포퓰리즘의 대표 사례로까지 지적하며 경계의 모델로 삼고 있다.

바야흐로 감성의 시대다. 감성의 시대를 사는 사람들은 심금을 울리는 정책을 원한다. 이성으로 꼼꼼히 따져야 하는 정책은 골치 아파한다. 상처받은 마음을 다독여주고 분노를 풀어주겠다며 심금을 울려야 표를 얻을 수 있다. 그러나 심금을 울리는 정책은 대부분 후유증을 남긴다. 분노와 원망을 풀어줄 정치인을 선택했지만 그가 내 기대에 부응하지 못하면 분노는 더욱 커져만 간다.

또 아르헨티나의 경우처럼 감성에 호소하며 아무런 대책 없이 무분별한 복지에 치중하면 망국의 지름길로 들어서게 된다. 사실 아르헨티나의 페론이 시행한 여러 포퓰리즘 정책이 환호를 받았다는 것은 그만큼 다수 국민이 복지의 사각지대에 놓여 있었고 경제 구조가 일부 대기업 위주로 삐뚤어져 있었다는 뜻이다. 즉 일찌감치 서민들과 근로자들, 그리고 중소기업의 생존을 보장할 수 있는 '동반성장' 정책을 펼쳤더라면 역사는 아마 바뀌었을 것이다. 공정한 조세제도와 선순환의 상생이 가능한 경제 구조를 갖췄더라면 포퓰리즘은 설 자리를 잃을 수밖에 없다.

국가의 장래를 생각한다면 정서보다는 이성에 호소하는 정책이 바람직하다. 감성의 시대에는 지금 당장 나에게 도움이 되면 그만이지 그러한 정책이 우리 후손들과 공동체에 어떤 영향을 미칠지에 대해서는 관심이 없다. "행정부의 절반을 옮겨 와 내 수입이 늘면 그만이지, 그런 결정이 국가운용의 효율성과 국가안보에 어떤 혼란을 가져오게 될지는 나와 상관없는 일이다." "내 호주머니에 돈이 들어온다면 국가 전체적으로 손해가 나든지 말든지 나는 모르겠다" 등 자신의 이익에 충실한 생각은 일반 국민으로서는 당연히 할 수 있다. 워낙 먹고살기가 어려우니 공동체의 장래까지 걱정할 겨를이 없다. 문제는 국민의 이런 생각에 편승하려는 정치인들이 있다는 것이다. 나에게 투표하는 사람들이 많아지면 국가 전체적으로 손해가 나든지 말든지 나와는 상관없다고 생각하는 사람들이 있다는 것이다. 득표에 도움이 되면 그만이지 그런 결정이 국가운용의 효율성과 국가안보에 어떤 혼란을 가져오게 될지는 상관없는 일이라고 생각하는 것이다.

   정치인들마저 이런 생각에 빠져 있다면 그 나라의 민주주의는 타락했다고밖에 할 수 없다. 공공의 이익을 뒤로하고 국민이나 정치인들이나 똑같이 자신의 이익을 먼저 찾으려 하는 국가에는 장래가 없다. 더군다나 선심성 공약에 들어가는 돈은 전부 국민의 쌈짓돈이지 않은가. 국민의 돈을 가지고 자신들이 생색내는 꼴이니 파렴치한 일이 아닌가 말이다. 우리는 이쯤에서 한 번 차분히 생각해보아야 한다. 분노는 힘이 세지만 그 위에 새로운 사회를 쌓을 수는 없다는 말이 있다. 분노의 힘으로 국민을 움직여서는 안 된다는 것이다.

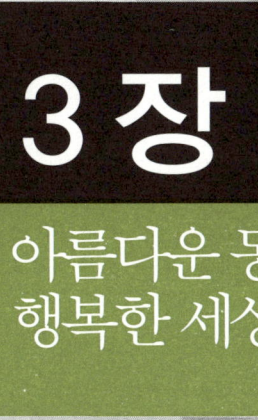

3장

아름다운 동행이 모두
행복한 세상을 만든다

기본으로 돌아가라!

흡혈 오징어는 고래도 먹어치울 만큼 거대한 괴물이다. 심지어 바다의 난폭자인 상어의 피까지 빨아먹는다고 하니 그 탐욕과 포악성은 지구상의 생물체 중에서 아마도 최고이지 싶다. 그런데 이 흡혈 오징어가 미국 월가에 떡하니 자리 잡고 있다고 한다. 대체 무슨 소리일까? 월가에 해양박물관이라도 지은 것일까?

'월가를 점령하라!'는 시위가 한창일 무렵 미국의 『롤링 스톤』이라는 잡지는 골드만삭스를 흡혈 오징어에 비유했다. 골드만삭스가 피 냄새만 나면 무작정 달려들어 먹어치우는 흡혈 오징어처럼 돈이 되는 것이라면 물불 가리지 않고 덤벼든다고 비꼰 기사였다. 근엄하게 넥타이를 매고 세계경제를 주무르는 골드만삭스의 임직원들은 졸지에 흡혈 오징어의 빨판이 된 것이다.

부자가 교만하면 그의 이익추구는 탐욕으로 비친다. 물론 탐욕도 인간의 본성이다. 그러나 탐욕은 인간의 본성 중에 절제되어야 하는 부분이다. 자본주의와 시장이 탐욕까지 지켜주기를 기대했다면 그것은 착각이다. 자본주의는 탐욕과는 원래 아무 상관이 없다. 혹자는 마치 자본주의의 기본이 사적 이익의 추구이기 때문에 탐욕도 자유라고 설파한다. 그러나 자본주의에 대해 조금이라도 제대로 공부했다면 자본주의는 정당한 이익추구를 보호하려는 것이지 탐욕추구까지 보호하기 위한 것은 아니라는 '상식'쯤은 알 것이다. 자본주의는 오히려 충동적 탐욕을 합리적으로 제어하기 위한 장치다. 자본주의의 기본정신은 절제에 가깝다. 이익추구는 장려하되 탐욕은 억제하는 것이다. 탐욕이 억제되어야 시장의 활력이 유지될 수 있기 때문이다. 막스 베버가 프로테스탄트의 윤리로 자본주의 정신을 설명하려던 것이 바로 이 점이었다.

탐욕이 아니라 절제와 조화를 바탕으로 하는 새로운 경제 패러다임이 필요하다. 결국 자본주의의 기본으로 돌아가는 것과 다름없다. 제도, 법규, 인식, 관습, 사고, 관념, 가치관 모두 탐욕을 억제하고 절제와 조화를 중시하는 방향으로 달라져야 한다.

월가 점령시위는 비단 골드만삭스 같은 금융자본의 탐욕에 대해서만 항의하는 것이 아니다. 고삐 풀린 망아지처럼 날뛰는 흡혈 오징어를 처벌하기는커녕 막대한 세금으로 도로 살려준 것도 모자라 다시 탐욕의 방종을 방관하던 미국 행정부와 정치권에 대한 분노와 실망감의 표출이기도 하다. 그래서 많은 사람이 정치도 오만하게 권력의

의자에 앉아 군림할 게 아니라 상식과 기본에 충실하라고 요구한다. 그리고 그들이 진정으로 바라보고 섬겨야 할 대상이 누군지를 똑바로 보라고 외치고 있다.

우리 정치는 '국민의 정치'와 '국민에 의한 정치'까지는 잘하고 있지만 아직 '국민을 위한 정치'가 이루어지지 않고 있다. 기존 정치인들은 국민의 이익보다는 소속 정당과 소속 계파의 이익, 나아가 자신의 이익을 더 챙기려는 속마음을 종종 국민에게 들킨다. 민심을 받든다는 멋진 말 속에 표를 사겠다는 속셈이 드러나곤 한다.

정당이나 정파의 이익에만 몰두하는 정치, 국가의 당면 과제를 해결하려고 머리를 맞대기보다 싸움만 일삼는 정치는 더는 설 자리가 없다. 기존의 여야보다 무소속 정치인들을 지지하는 초당파가 급증하는 것은 새로운 정치에 대한 열망이 날이 갈수록 커지고 있다는 징표다. 심지어 경제가 어려워 다들 허리띠를 졸라매는 마당에 세비 인상 같은 국민의 정서와 어긋나는 일을 서슴지 않고 벌이는 정치권의 무감각은 국민의 삶과 너무나도 괴리되어 있다. 그러고도 찬란한 미래를 이야기하고 희망과 행복을 이야기한들 누가 믿겠는가? 아무리 정치가 '말의 향연'이라고 해도 진정성 없는 말의 향연은 정치를 불신과 허무주의의 늪에 밀어넣는 것밖에 되지 않는다. 결국 정치 때문에 국가가 쇠락하고 마는 것이다.

동반성장은 기본과 상식의 패러다임이다

건전한 이익추구는 자본주의의 활력이 되지만 탐욕추구는 자본주의를 해치는 길이다. 1970년대 이후 세계경제 질서의 근간으로 뚜렷하게 자리 잡다가 2008년 전 세계를 금융위기와 경제위기로 몰아넣은 신자유주의적 사고방식의 문제점은 이익 극대화만을 말하고 윤리를 말하지 않았다는 데 있었다.

윤리가 실종된 신자유주의는 경제뿐만 아니라 인간의 삶마저 파괴하는 지독한 후유증을 남겼다. 삶의 터전을 불안하게 만들었고 이웃과의 공동체를 파괴했으며 낙수 효과는커녕 양극화만 심해졌다. 오죽하면 투자전문가이자 신자유주의 금융시장에서 엄청난 돈을 벌어들인 조지 소로스가 '신자유주의의 교리가 비현실적이라는 게 드러났다'고 꼬집었겠는가.

1971년에 다보스 포럼을 창립하고 신자유주의를 강조해온 클라우스 슈밥조차도 신자유주의의 심각한 양상을 지적했다. "나는 자유시장제도의 신봉자다. 하지만 시장은 사회를 위해 기능해야 한다. 현재 상황은 자본주의라는 말로 설명이 안 된다"는 고백은 차라리 고해성사에 가깝다.

동반성장은 이윤 극대화만을 최선으로 여기던 과거의 신자유주의적 패러다임에서 탈피하여 탐욕을 억제하고 절제를 잃지 않는, 자본주의의 기본에 충실한 새로운 패러다임으로 돌아가려는 시도다.

탐욕을 억제해야 한다지만 이미 우리 사회에는 경쟁과 성장이라는 명분으로 재벌 대기업의 탐욕이 자행되고 있다. 그 피해 또한 심각한 지경에 이르렀다. 하지만 이미 엎질러진 물이라고 넋 놓고 지켜볼 수만은 없다. 늦었다고 생각할 때가 가장 빠르다는 생각으로 어떻게든 수습하고 다시 자본주의의 기본으로 돌아가려는 노력을 멈추지 말아야 한다. 내 호주머니만 채우려는 것이 탐욕이었음을 깨닫는 순간 내 이웃의 텅 빈 호주머니도 함께 생각할 수 있어야 한다.

누군가의 탐욕 때문에 자본과 권력의 쏠림 현상이 커지면 그 사회는 불공정과 불평등이 판을 치게 된다. 결국 지금껏 그 사회를 유지해오던 시스템이 뿌리째 흔들리게 된다. 소수의 탐욕스러운 사람들을 향해 다수의 '우리'가 분노하기에 이른다. 이러한 분노는 결국 사회적 협력 체계를 무너뜨리고 불신과 분열을 불러오게 된다.

아직도 그 여진이 가라앉지 않은 스페인, 그리스, 이탈리아의 경제위기는 탐욕이 국가와 사회공동체의 몰락을 가져온다는 사실을 여실히 보여주었다. 지금도 탐욕스러운 이 나라의 상위 1퍼센트와 무능력한 정부에 대해 젊은이들은 일터가 아닌 거리로 나가 분노에 가득 찬 절규를 외치고 있다. 남부 유럽이 경제위기와 국가부도 직전의 상태로 내몰리게 된 여러 원인 중에서 부자와 지도층의 탈세와 부정부패, 즉 1퍼센트의 탐욕이 근본적인 원인으로 꼽히고 있다. 이 나라들의 청년실업률은 50퍼센트가 넘는다. 젊은이들이 분노를 가라앉히고 일을 하러 가려고 해도 갈 곳이 없다.

남부 유럽의 위기는 곧 유럽 전체의 위기로 확산되고 있다. 그래서 유로 지역의 국가들은 파멸의 연쇄 반응이 일어나는 것이 두려워 남부 유럽에 대한 지원을 고민하고 있다. 하지만 이 또한 자국 국민이 반대하는 바람에 곤란을 겪고 있다. 이들 나라를 돕는다는 것이 자칫 '밑 빠진 독에 물 붓기'가 되는 것이 아니냐는 반대 여론과 탐욕으로 망국 직전까지 몰린 나라가 아직도 정신을 못 차리고 있다는 부정적 반응이 거세다. 실제로 이탈리아는 2011년에 개혁을 전제로 유럽연합으로부터 지원을 받았지만 그 약속을 지키지 않고 있다. 여전히 빈부 격차는 해소되지 않고 부정부패와 탈세가 판치고 있다. 스페인이나 그리스도 처지는 마찬가지다.

신자유주의의 광풍이 몰아친 뒤 피폐해진 이들 나라에서 부자와 가난한 사람들의 격차는 점점 벌어져 국가의 미래를 좀먹고 있다. 그리스 사람들은 그들의 선조이자 철학자인 플루타르크가 "빈부 격차는 모든 국가를 갉아먹는 가장 오래되고 치명적인 병폐다"라고 한 지적을 몸소 느끼고 있는 셈이다.

남부 유럽의 위기는 다시 한 번 자본주의의 기본을 떠올리게 한다. 사적 이익의 추구라는 명제에만 사로잡혀 자유의 의미를 왜곡하고 방임주의를 신탁처럼 떠받드는 인간의 오만은 이미 심판받았다. 탐욕을 부리다가 몰락해버린 바빌론의 탑이 무너지는 소리가 세계 곳곳에서 들리고 있다.

자본주의의 기본과 상식은 절제와 상생이다. 개인의 자유와 경쟁을 미덕으로 삼더라도, 이 미덕은 공동체의 안녕과 번영을 전제로 한 것이다. 공동체가 무너지면 개인의 자유와 이익도 보장받지 못한다는 것은 어린 학생들도 아는 기본이다. 그런데 정작 우리 사회의 지도층 인사들과 재벌들은 이 기본과 상식에 어긋나는 일을 거리낌 없이 벌인다. 이러니 교과서나 도덕의 가르침과 세상의 현실은 다른 것이라는 냉소가 퍼지고 기본과 상식의 철학을 이야기하거나 실천하는 사람들이 오히려 무능력한 존재로 취급받기도 한다. 경제적 불평등과 탐욕은 결국 공동체의 모든 가치관과 삶의 철학마저도 위태롭게 만드는 것이다.

동반성장은 양극화로 피폐해진 경제와 인류의 생태계를 복원하자는 것이다. 자본주의의 기본과 상식, 즉 방종의 자유 대신 공동체의 번영을 함께 추구하는 성장과 소수에 집중된 권력과 부의 혜택을 다수의 사람이 함께 받도록 하는 분배의 패러다임이 바로 동반성장이다. 이러한 기본과 상식을 거부하는 것은 사회공동체의 발전에 대한 연대 의식이 없다는 자기 고백인 셈이다. 그리고 '나만 잘되면 돼!'라는 극한의 이기주의를 버리지 못하겠다며 내가 무슨 잘못을 했느냐고 억울해하는 몽니를 부리기도 한다. 그러나 그 몽니는 결국 대다수의 상식에 의해 깨질 수밖에 없다.

시민들의 합리적 비판은 사회의 버팀목이다

수많은 종교 지도자는 마치 약속이라도 한 듯 한결같은 말을 한다. 매사에 남 탓하지 말고 모든 일을 내 탓으로 돌리라고 권한다. 그러나 이런 좋은 말씀은 기본적으로 어떤 마음 자세를 가져야 천국에 가거나 열반에 이르는 데 도움이 되는지에 대한 답변이다. 만약 자신에게 닥친 어려움이 잘못된 제도나 불공정한 관행에서 비롯되었다면 무작정 참는 것이 최선은 아니다. 잘못된 것은 잘되게, 그릇된 것은 옳게 고쳐야만 나와 내 이웃, 내 후손들이 좀 더 나은 사회에서 살 수 있다.

모든 것을 내 탓으로 돌리며 참는 것은 미덕이 아니며 사회발전에도 도움이 안 된다. 더군다나 참는 것으로 문제를 더 키운다면 그것은 또 다른 의미의 악이라고 봐야 한다. 예컨대 남편의 폭력을 참기만 하는 아내는 그 정신적 스트레스와 육체적 고통이 결국엔 자신을 병들게 한다. 남편은 또 어떤가. 가정 내에서 폭력이 용인되기 때문에 사회에 나가서도 폭력성을 버리지 못하고 결국 또 다른 폭력을 행사하고 다니다 더 큰 문제를 발생시키고 만다. 그런 부모 아래서 자란 아이 역시 올바르게 성장하기 어렵다. 한 개인의 아픔과 고통도 그러할진대 그것이 공동체의 문제라면 더욱 참기만 해서는 안 된다. 잘못된 것을 지적하고 문제가 되는 것을 드러냄으로써 모두가 함께 대안을 찾고 올바른 길을 모색해 공동체의 문제점을 교정해나가야만 사회가 발전을 계속할 수 있다. 매사를 자기 숙명으로 받아들이고 스스로 마음을 삭이는 '착한' 국민만 존재한다면 그 사회는 발전할 수 없고 결국에는 쇠락의 길을 걷게 된다.

시장이란 원래 불완전하다. 시장의 힘만으로는 좋은 곳에 자원을 배분하지 못하는 경우가 많다. 이런 시장실패를 바로잡기 위해 우리는 여러 가지 정책적 유인체계를 마련해왔다. 자본주의 시장경제를 시대의 흐름에 따라 사회공동체의 필요에 맞게 수정하고 보완해온 것이다. 시장 시스템에 문제가 생기면 극복방안을 찾아내 문제점을 수정해나가야 시장이 존속할 수 있다. 그러므로 재벌에 대해 비판적 견해가 있다고 해서 그 사람을 반시장주의자라든가 사회주의자 또는 공산주의자로 비난하는 것은 세상의 흐름을 모르는 행위다. 탐욕을 비판하는 것마저 반자본주의적·반시장적이라고 말해서는 안 된다. '내 탓이오'라며 순응하는 '착한' 국민이 아니라고 해서 그를 '나쁜' 국민으로 몰아가서는 안 된다.

어찌 된 것이 이 사회는 잘못된 것을 지적해도 '잘못'에 초점을 맞추지 않고 '지적'에 손을 가리키며 분란을 키운다. 그만큼 국민을 그저 순응과 복종에 길들어진 '신민'으로 보는 관점이 은연중에 있는 것이다. 그들의 행동과 사고는 봉건시대에나 어울릴 법한 신민이라는 단어를 입에 올리지 않을지언정 전근대적인 경우가 많다.

사회의 담론은 결코 일부 지식인이나 지도층의 전유물이 아니다. 광장에서 자유로운 소통이 가능할 때 미래와 관련한 담론은 더 풍성해질 수 있다. 고고한 성 안에서 원로원 놀이를 하며 국가 운영을 그릇되게 하는 그들이 내놓는 말은 쉽게 신뢰할 수 없다. 또 그들의 결정을 국민에게 일방적으로 '따라야만 하는' 의무로 내세우는 행태는 분명 개혁의 대상이다. 그들은 고대로마의 집정관에게 한 수 배워서라도 환골탈태해야 한다.

로마의 집정관인 발레리우스는 로마 시내의 광장이 한눈에 보이는 언덕에 웅장한 저택을 짓고 호화로운 생활을 즐기고 있었다. 그는 이미 로마에서 부자로 이름난 인사였다. 그런데 로마의 시민은 이런 그의 생활을 두고 수군거렸다. 웅장한 저택은 마치 왕궁처럼 보였고 시민은 발레리우스가 왕이 되려는 욕심을 가지고 있는 것이라고 우려의 눈길을 거두지 않은 것이다. 시중에서 떠도는 소문은 곧 발레리우스의 귀에까지 들어갔다. 발레리우스는 화들짝 놀라며 자신의 소중한 저택을 부숴버렸다. 그리고 로마에서 땅값이 싼 변두리에 소박한 집을 짓고는 항상 대문을 열어두었다. 근처를 오가는 누구라도 집안을 드나들며 자신의 사는 모습을 볼 수 있도록 하겠다는 의지가 반영된 것이다. 그뿐만 아니다. 집정관인 그는 길에 나설 때마다 호위병을 데리고 다녀야 했는데, 괜한 위화감을 주지 않으려고 최대한 조용하고 겸손한 모습으로 다녔다. 발레리우스의 노력은 이윽고 시민의 마음을 열었다. 그리고 그는 시민들에게서 영예로운 별칭을 얻게 되었다. 그 별칭인 '푸블리콜라'는 '공공의 이익을 추구하는 사람'이라는 뜻이다.

발레리우스는 수군대는 시민의 목소리에 귀를 기울였다. 그는 집정관이라는 권위를 내세워 소문의 유포자를 찾는다거나 사회의 기강을 무너뜨리는 불순분자를 찾는다면서 칼을 휘두르지 않았다. 아마도 그는 오로지 순종적인 '착한' 시민보다 합리적인 의견을 적극 표현하는 시민이 이 사회를 지탱하는 기둥이라고 생각했을 것이다. 그래서 시민의 뼈아픈 지적에 귀를 열고 행동을 바꾼 게 아닐까?

우리 사회에서 이러한 지도층을 보기는 매우 어렵다. 소박한 집이나 사무실은커녕 화려한 집무실과 저택으로 사람들의 기를 죽인다. 감히 범접하지 못할 사람, 너와 나는 다른 사람이라는 식의 줄긋기를 아무런 거리낌없이 한다. 이런 사회에서 국민이 착하기만 한 것은 결코 미덕이 아니다. 오히려 사회공동체를 망치는 일을 방조하는 것일 수 있다. 착하기만 한 우리 국민을 보고 있으면 저절로 킹 목사의 말이 떠오른다.

"잠자코 복종하는 것이 때론 편안한 길이기도 하다. 그러나 결코 도덕적인 길은 아니다. 그것은 비겁자의 길이다."

그의 말은 생존과 파멸의 갈림길에 선 우리가 새겨들어야 한다. 킹 목사는 착한 게 결코 옳은 것만은 아니라고 강조했다. 백인의 살인적인 탄압에 저항하지 않는 것은 착한 게 아니라 잠시 연명하는 것일 뿐이다. 그렇게 비겁자로 잠시 목숨을 지킬 수는 있지만 언젠가는 그 탄압의 희생자가 될 수밖에 없다. 그래서 비겁자의 길은 도덕적이지 않을 뿐만 아니라 사는 길이 아닌 죽음의 길이다.

동반성장은 우리에게 적합하고 유용하다

내가 서울대학교를 졸업하고 외국 유학까지 마친 덕분에 사람들은 종종 나를 유복한 집안의 자식인 줄 오해한다. 그러니 내가 힘들고 어려운 사람들과 함께 나아가자며 동반성장에 대해 열변을 토하면 의아한 눈초리를 보내기도 한다. '당신이 왜?'라는 것이다. 하지만 나는 사람들의 오해와는 달리 누구보다도 가난한 삶을 살았다.

밥이 곧 하늘이던 시절이 있었다. 내 입에 들어갈 밥을 주는 사람이 세상에서 제일 고맙고 은혜로운 사람이라 생각될 정도로 나를 비롯한 그 시절의 '우리'는 가난과 싸워야 했다. 오죽하면 나는 초등학교 3학년부터 중학교 3학년까지 7년간이나 점심을 먹어본 적이 없다. 게다가 아침이나 저녁도 미국이 원조해준 옥수숫가루로 떡을 만들거나 죽을 쑤어 끼니를 해결하며 살아야 했다.

가난하고 힘든 살림살이에도 내가 남부럽지 않게 배움의 호사를 누릴 수 있었던 것은 주변 분들의 은혜가 컸던 덕분이다. 특히 3·1운동의 민족대표자 33인에 더해 외국인으로 34인의 한 분이시자 서울대학교 수의과대학의 초빙교수이셨던 프랭크 윌리엄 스코필드 박사님은 내가 중학교에 입학할 즈음부터 대학 때까지 물질적·정신적으로 큰 도움을 주셨다. 대학에 진학한 이후에는 나의 은사이신 조순 선생님 덕분에 경제학에 흥미를 갖게 되었고 경제학이라는 학문에 대한 깊이뿐만 아니라 폭까지도 넓힐 수 있었다. 대학 졸업 후 한국은행에서 근무하던 나를 유학의 길에 오를 수 있도록 채찍질하고 인도해주신 분도 조순 선생님이셨다.

물론 두 분 외에도 삶의 굽이굽이마다 내 가녀린 손을 붙잡아주신 분들이 많다. 그분들이 내밀어준 온정의 손길이 지금의 나를 있게 해준 발판이 되었음을 잘 안다. 나는 열심히 일하고 공부하는 이 사회의 수많은 약자에게 함께 손내밀어주자고 말하고 싶다. 모두가 대등하게 기회를 가지고 제 능력껏 성장할 수 있는 탄탄한 발판을 동반성장이라는 사회적 시스템으로 구축해둔다면 적어도 이 땅의 수많은 중소기업과 인재들이 꽃망울을 터뜨릴 기회조차 얻지 못하여 고통받는 일은 사라질 것이라 믿는다.

동반성장, 원래 우리의 미덕이다

아무리 좋아 보이는 제도도 우리나라 사람들의 정서와 가치관에 맞지 않으면 부작용이 생긴다. 따라서 새로운 패러다임이 도입될 때는 가장 먼저 그것이 그 나라 사람들의 정서와 얼마나 잘 어울리는지를 점검해야 한다. 결론부터 말하면, 동반성장은 우리나라 사람들의 정서와 공동체적 가치에 들어맞는다. 적어도 기존의 신자유주의적 패러다임이나 1960년대에서 1980년대까지의 '불균형 압축성장 패러다임'보다는 훨씬 더 우리 국민의 마음에 잘 들어맞는다. 그래서 우리 경제의 새로운 패러다임으로서 동반성장은 매우 성공적으로 뿌리를 내릴 수 있다고 생각한다.

우리는 전통적으로 '더불어 산다'는 공동체의 가치를 매우 중요하게 여겨왔다. 예부터 두레나 향약 등을 통해 키워온 공동체적 가치는 빠른 경제성장의 원동력이 되기도 했다. '금 모으기 운동'처럼 국난 극복 과정에서 그 진가를 드러내기도 했다. 이러한 공동체적 미풍양속이 최근 10여 년 사이에 급속도로 무너지고 있다. 하지만 기본적으로 수천 년 동안 우리나라 사람들의 마음속에 유전자처럼 전해 내려오는 정서는 나 혼자 배를 불리면서 사는 것이 아닌 내 이웃과 '더불어 사는' 것이었다. 400년을 내려온 경주의 최부잣집 같은 부호들이 민족을 일깨우고 민생을 돌보는 데 앞장선 일들을 자주 볼 수 있었다. 하지만 요즘은 정말 어렵게 모은 돈을 좋은 일에 써달라고 자선단체에 맡기는 평범한 시민이 우리에게 감동을 주는 일은 있지만 재벌이나 부호 중에서 이런 칭송을 받을 만한 사례는 많지 않다.

우리나라뿐 아니라 유럽에서도 공동체를 중시하는 것이 시대적 흐름이라는 인식이 확산되고 있다. 프랑스의 미래학자 자크 아탈리는 21세기에 가장 중시되는 가치를 '공동의 이익과 이타주의'라고 규정했다. 그에 따르면 현대인들은 전쟁과 테러 등을 겪으면서 나 혼자만의 행복으로는 만족할 수 없다는 것을 깨닫고 합리적인 이유로 이타주의를 실천한다. 극단적으로 말하면 행복한 사람이 한 명 있으면 불행한 여럿이 그를 죽일 수 있다. 그래서 자신이 행복하려면 다른 사람도 행복하게 만들어야 한다. 이것이 바로 합리적 이타주의다.

우리는 불과 20여 년 전까지만 해도 누가 어디서 얼마를 벌어서 무엇에 어떻게 쓰는지 알 길도 없었고 관심도 없었다. 하지만 IT가 발달함에 따라 누가 돈을 어떻게 얼마나 벌고 무엇에 쓰는지에 대해 훨씬 더 많이 알게 되었다. 그리고 그 속에서 드러난 불합리, 불공정, 불평등에 분노하기 시작했다. 그 대상은 행복해 보이는 소수로 국한되지 않는다. 상대가 행복한지, 불행한지, 부자인지, 가난한지는 고려의 대상이 되지 않는다. 그저 자신의 분노를 폭발시킬 희생양이 필요할 뿐이다.

요즘 사회적으로 문제가 되고 있는 '묻지 마 살인'이나 무차별 폭행, 동반자살, 학교폭력 등도 더는 개인의 악행과 불행으로만 치부해서는 안 된다. 분석 결과 '묻지 마 살인' 같은 범죄로 꼽히는 '우발적이거나 현실불만이 원인인 살인' 사건은 2007년 368건, 2008년 453건, 2009년 572건으로 2년 새 55퍼센트나 폭증한 것으로 조사되었다. 자살자 또한 2000년 대비 10년 동안 무려 130.2퍼센트나 증가한 것으로 나왔다.

물론 인격이 덜 성숙한 사람들이 이런 사회적 범죄를 저지르는 경향이 강하지만 그들 속에 있는 불안, 원망, 분노의 근저에는 분명 사회에 대한 불만이 큰 원인으로 작용하고 있음을 인정해야 한다. 더군다나 그 피해자는 다름 아닌 나와 내 가족과 내 이웃이 될 수 있기에 더더욱 공동체의 문제로 인식하고 해결점을 적극 찾아나가야 한다. 이를 위해 필요한 것이 바로 합리적 이타주의다.

동반성장은 우선 대기업과 중소기업이 이런 합리적 이타주의를 실천하여 사회 곳곳에 만연한 양극화를 없애고 모두가 함께 행복해지자는 개념이다. 동반성장은 반시장적 정책이 아니라 오히려 건전한 시장을 정착시키기 위한 노력이다.

부자 중에서도 진짜 부자들은 모든 것을 독차지하려 하지 않는다. 세계적으로 재산이 많기로 유명한 워런 버핏은 다음과 같이 말했다.

"나를 부자로 만든 것은 사회다. 따라서 내가 번 돈을 사회에 환원하는 것은 부자의 책무다."

부자니까 많이 나눠야 한다는 단순한 의미가 아니다. 오히려 자신들의 부를 창출할 수 있게 한 사회적 제도가 안정적으로 유지되려면 그 제도의 혜택을 가장 많이 본 부자들이 제도 유지에 일정한 책임을 가지고 있다는 의미도 담고 있다. 이처럼 똑똑한 부자들은 더불어 산다는 것이 무엇을 의미하는지를 잘 이해하고 있는 것이다.

스웨덴에서 SAAB, ABB 등 10여 개의 세계적 초우량기업을 갖고 국부의 3분의 1을 차지한다는 발렌베리그룹은 얼핏 보기엔 한국의 대기업이나 재벌기업과 유사하지만 내용을 들여다보면 사뭇 다르다. 그들은 2세들에게 검소한 삶을 배우도록 가르친다. 국가가 필요로 할 때는 가장 앞장서서 무언가 하는 것을 의무로 생각하게끔 가풍을 만들었다.

하지만 우리나라 재벌 대기업처럼 통일된 회사명을 사용하지 않으며 기업이 각각의 이사회를 통해 지배됨을 인정하고 그 틀 안에서 '지분이 아니라 역량을 통해' 리더십을 발휘하고 있다. 그리고 지주회사로 모아진 이익은 거대한 사회적 재단, 특히 유명한 과학기술재단을 통해 사회에 환원하면서 국민의 사랑과 존경을 받고 있다. 황제경영으로 일컬어지며 탈법까지 동원해서 이를 세습하는 우리의 재벌 대기업과는 커다란 차이가 있음을 알 수 있다.

물론 그들에게도 커다란 위기가 있었고 그 과정에서 집권 사회민주당, 노동자 계급과 빅딜도 있었다. 그 과정에서 차등의결권과 같이 지배구조를 보호하는 안전장치를 갖게 되었다. 한편으론 우리가 이러한 사회적 논의 구조를 갖지 못한 현실이 안타깝다. 그러나 기본적으로 그들과 우리의 대기업은 부에 대한 철학, 사회적 책임에 대한 인식, 노블레스 오블리주에 대한 관념 등에서 너무나 큰 차이가 있어 보인다. 사회적 신뢰가 바탕이 되어 있어야 사회적 논의도 가능하다. 그리고 이런 사회적 신뢰는 그냥 주어지는 것이 아니라 노력으로 적극 얻어내야 한다. 즉, 국민이 대기업에 먼저 보내주는 것이 아니라 대기업이 국민에게서 사랑과 신뢰를 얻어내야 한다.

동반성장은 지속가능한 성장의 필요조건이다

지금도 계속되는 글로벌 경제위기는 한때의 위기가 아니라 만성적인 자본주의의 위기라고 한다. 그래서 위기극복이 아니라 위기에 적응하며 생존을 모색해야 하는 시대를 맞이하여 인식의 전환이 필요하다는 것이다. 기업이 이제는 번영을 꿈꾸기보다 오랫동안 지속가능한 경영을 화두로 삼는 이유도 이 때문이다.

기업의 '지속가능 경영'이 화두로 떠오르자 많은 것이 바뀌었다. 지속가능 경영을 어떻게 해야 하느냐를 고민하던 기업들은 전통적 모토인 이익 추구와 제품 생산을 넘어선 뭔가를 찾아야만 했다. 기업의 제품과 서비스를 구매하는 사회공동체가 흔들리면 기업의 생존도 위협받을 수밖에 없기 때문이다. 시장이 무너지는 마당에 매출과 이익을 따지는 것이 무슨 소용이 있겠는가. 그래서 외국에서는 기업들이 '지속가능한 경영'을 위해 환경과 공동체에 주목하고 있다. 전에는 환경단체가 피켓을 들고 기업에 항의하는 모습이 익숙했는데, 이제는 지속가능한 경영을 하기 위한 기업의 협력 파트너로 인정받고 있다.

지속가능한 경영의 목표는 건강하고 성공한 사회공동체를 만드는 것이다. 그래야 기업도 생존과 이익을 보장받을 수 있기 때문이다. 지극히 상식적인 이 화두는 결국 기업뿐만 아니라 사회, 국가 운영의 화두가 되어 새로운 자본주의를 모색하는 흐름을 만들어내고 있다.

그 구체적 실천방안인 대기업과 중소기업 간의 동반성장은 국가경제의 지속가능한 성장을 위한 발전모델이다. 지속가능한 성장을 위해 '장기적'으로 가장 중요한 일은 우리의 교육 시스템을 근본적으로 개혁하고 연구개발R&D을 혁신하는 일이다. 그러나 교육 시스템이 개혁되고 연구개발이 혁신되어 경제가 지속가능한 발전을 이루도록 기다리려면 상당한 시간이 걸릴 것이다. 따라서 비교적 빠른 성과를 낼 수 있는 발전 모델이 필요하다. 그것이 바로 동반성장이다.

동반성장에 앞서 교육 시스템 개혁과 연구개발에 대해 잠깐 살펴보자. 한국은 개발은 잘하지만 연구는 못하는 나라로 잘 알려졌다. 한국처럼 산업구조가 고도화된 나라는 첨단기술, 원천기술, 핵심기술이 있어야 투자가 지속적으로 이루어진다. 이것을 개발하려면 연구를 해야 한다. 하지만 우리는 남이 연구한 것을 가져다가 개발은 잘하지만 자체 연구가 되지 않으니 투자가 활성화될 수 없다.

첨단기술, 원천기술, 핵심기술에는 모두 창의성이 있어야 한다. 창의성은 사물을 지금까지와는 다른 시각에서 보는 것이다. 그러려면 먼저 질문을 해야 한다. 자기한테 묻고 남한테도 물어야 한다. 우리 국민의 교육열은 세계가 다 알 정도로 매우 높다. 미국의 오바마 대통령이 한국의 교육을 배우라는 말은 우리 교육 시스템이 좋다는 뜻이 아니라 미국 국민이 한국인들의 교육열을 배웠으면 한다는 의미였다. 그런데 일부 언론과 인사들은 우리 교육 시스템의 우월성을 칭찬하는 것이라며 입시 위주의 스파르타식 교육을 내세우는 왜곡을 서슴지 않았다. 그러니 교육의 본질에 대한 심사숙고는 또 한 번 물 건너가버리고, 현재 교육의 문제는 면죄부를 받아 슬며시 수면 아래로 가라앉으려 한다.

오바마 대통령이 배워야 한다고 말한 우리의 교육열에 못지않게 교육열이 높은 사람들이 바로 유대인이다. 하지만 교육 방식에서는 많은 차이를 보인다. 유대인들은 학교에서 돌아온 아이에게 "오늘 선생님께 질문을 몇 번 했어?" "어떤 질문을 했어?"를 물어보는 반면 한국인들은 "몇 등 했어?" "몇 점 받았어?" 같은 질문이 대부분이고 그나마 가장 고급스러운 질문이 "오늘 선생님 질문에 몇 번 대답했어?"다.

질문은 호기심에서 나온다. 호기심은 교과서나 참고서를 달달 외운다고 나오는 것이 아니다. 호기심은 독서를 하고 여행을 하고 사람을 만나면서 나온다. 사람과 사람이 생각을 나누고 아이디어를 주고받는 과정에서 호기심이 생겨난다. 그런데 우리나라의 교육 시스템은 이러한 호기심을 원천적으로 차단하고 있다.

실제로 우리 교육 현장을 들여다보면 교사와 학생 사이에 토론이나 토의가 아닌 단순히 가르치고 배우는 수동적인 수업이 주를 이룬다. 교육의 목적이 창의적 사고를 통한 문제 해결 역량을 키우는 것이 아니라 각종 시험에서 덜 틀리는 것이기 때문이다. '왜?'라고 물으면 '그냥 외워!'라고 대답하는 것이 우리의 교육 현실이다.

현재 우리나라 교육은 총체적 부실에 빠져 있다고 해도 지나친 말이 아니다. 경제학적으로 이야기하면 인풋보다 아웃풋이 적은 상황이다. 인적·물적 자원, 공적·사적 자원이 많이 들어간다. 그런데 그에 비해 인재가 안 나온다. 대학 졸업장을 따고 각종 자격증을 취득하고 학위를 받는다고 해서 모두 인재가 되는 것은 아니다. 인재는 건전한 상식과 상당한 전문지식을 가지고 있을 뿐만 아니라 변화하는 미래 사회에 대처할 수 있는 능력을 갖춘 사람을 말한다. 우리나라 학생들은 지금 전문지식은 많지만 건전한 상식과 미래에 대처할 수 있는 능력은 상대적으로 부족하다. 미래의 창조적 인재를 키우기 위해 우리의 교육은 무엇을 언제부터 어떻게 가르칠지 더 많이 고민해야 한다. 그리고 이를 실제 교육 현장에 적용할 교육 시스템의 개혁이 필요하다.

여기에 대한 내 생각을 짧게 정리하면, 무엇을 가르칠 것인가에는 체력, 위기극복 능력, 창의력, 대담함 그리고 국어나 수학 등의 교과학습이 있을 수 있다. 어떻게 가르칠 것이냐에서는 교육 방식을 현재의 주입식에서 벗어나 토론식으로 전환해야 한다. 그리고 독서나 다양한 체험 등도 교육의 하나로 받아들여 현재보다 더 체계적인 커리큘럼을 만들어야 한다. 이렇게 할 때 예부터 우리 교육의 기본 목적이었던 균형 잡힌 지덕체智德體를 함양할 수 있으리라 믿는다.*

한편 우리나라의 연구개발 투자는 단기적 성과를 조급하게 요구하던 데서 과감히 벗어나 좀 더 장기적인 관점을 견지할 필요가 있다. 그리고 연구개발에서도 하향식Top-Down을 지양하고 상향식Bottom-Up 접근을 할 필요가 있다.

이처럼 교육을 개혁하고 연구개발을 혁신한다 해도 그 경제적 효

---

* 나는 지덕체보다 체덕지로 교육의 내용이 바뀌어야 한다고 생각한다. 그러나 이에 대해서는 다른 기회에 언급하기로 한다.

과가 나타나는 데는 상당히 오랜 시일이 걸릴 수 있다. 반면 우리나라의 대기업과 중소기업이 함께 성장할 수 있는 선순환적 생태계를 만드는 일은 그 경제적 효과가 비교적 단기간에 나타날 수 있을 뿐만 아니라 지속적 성장을 위해 반드시 필요한 선행 조건이다. 게다가 교육 개혁과 연구개발 혁신을 통해 장기적인 효과가 나타나려 해도 대기업과 중소기업이 함께 성장할 여건이 갖추어지지 않았다면 그 효과는 반감될 수밖에 없다.

거대 제약회사인 화이자와 머크사는 연구개발 예산을 수조 원씩 쓰고 있고, 회사 내부에 수많은 팀과 연구소를 전 세계에 걸쳐 보유하고 있다. 그럼에도 수백 개의 중소기업과 연구개발 파트너십을 맺고 있다. 그들은 초기 연구개발을 하는 소규모 바이오기업을 끊임없이 물색하여 그들의 기술을 라이선싱하거나 아예 그 회사를 사버리는 경향이 점점 더 강해지고 있다. 왜 그렇게 할까? 그것은 이런 거대 제약회사들도 모든 연구개발 분야에서 최고일 수는 없기 때문이다. 세계 최대의 소프트웨어 회사인 마이크로소프트도 소프트웨어 엔지니어를 수만 명 보유하고 있다. 하지만 세계 전역에 걸쳐 중소기업들과 협력하고 도움을 받아가며 제품을 개발하고 있다.

중소기업은 특정 틈새 분야에 대해서는 전문성이 있는 경우가 많지만, 거대한 팀을 이루고 복잡한 환경에서 프로젝트를 관리해본 경험은 거의 없다. 반면 대기업은 폭넓은 기술적 포트폴리오를 갖고 있지만, 특정 기술 분야에 대한 깊이 있는 전문성이 부족하다. 물론 대기업은 복잡한 거대 프로젝트를 관리하고 서로 다른 문화와 언어, 전문기술, 비즈니스 접근법을 지닌 다양한 구성원을 하나의 팀으로 짜는 데는 확실한 비교우위를 갖고 있다. 이제는 다윗과 골리앗이 싸우기보다는 대기업과 중소기업이 서로 다른 역할을 하면서도 함께 힘을 합해 더 큰 기술진보와 혁신을 이루어야 한다. 이는 대기업과 중소기업이 기존의 수직적 갑을 관계를 지양하고 윈윈하는 진정한 파트너로서 동반성장할 때 비로서 가능한 일이다.

동반성장은 양극화 해소의 열쇠다

동반성장은 사회의 양극화 문제를 해결하기 위해서도 필수적이다. 정부와 우리 국민 모두의 노력으로 1997년 외환위기와 2008년 글로벌 금융위기를 극복했다. 하지만 그 과실은 소수 대기업에만 편중되어 양극화가 더 심해졌다.

양극화는 소득불균형을 나타내는 여러 통계지표로도 확인할 수 있다. 먼저 지니계수는 2000년 0.28 수준에서 2009년 0.32 수준으로 높아졌다. 또한 국세청이 2011년에 발표한 자료에 따르면 상위 20퍼센트에 해당하는 사람들의 1인당 소득액은 1999년의 5,829만 원에서 2009년 9,020만 원으로 54.7퍼센트가 증가했다. 반면 하위 20퍼센트의 1인당 소득액은 같은 기간 306만 원에서 199만 원으로 53.7퍼센트나 줄어들었다. 상위 20퍼센트는 10여 년 동안 소득이 1.5배로 늘어났지만, 하위 20퍼센트는 30퍼센트 이상이나 소득이 줄어든 것이다. 이 두 집단 간 소득 격차가 1999년에는 19배였던 것이

2009년에는 45배가 넘어버렸다. 월급을 받는 급여생활자도 상위와 하위 20퍼센트의 소득격차는 5배가 넘는다고 한다.

한편 전통적으로 소상공인과 중소기업의 영역이던 소모성자재구매대행업MRO, 기업형슈퍼마켓SSM, 금형사업 등은 물론이고 외식사업, 웨딩사업 등에 대기업들이 무차별적으로 진출하는 사례에서 보듯이 이런 경향은 완화될 기미를 보이지 않고 있다. 그리고 2010년 삼성·현대·SK·LG 4대 그룹의 전체 매출(국외 매출 포함)은 603조 3,000억 원이다. 매출액과 GDP의 단순 비교는 어렵지만 이 숫자는 우리나라 전체 GDP의 51퍼센트를 차지한 것으로, 2007년의 43퍼센트에 비하면 엄청난 증가다. 또한 한국은행에 따르면 대기업의 세전税前 순이익률은 2007년 7.9퍼센트에서 2010년 8.4퍼센트로 늘었다. 하지만 중소기업은 3.8퍼센트에서 2.9퍼센트로 떨어졌다. 대기업은 갈수록 강해지는 반면, 중소기업은 갈수록 약해지고 있는 것이다.

지금 미국을 비롯한 서구 여러 나라를 뒤덮고 있는 대불황의 암운은 이러한 사회적 양극화 문제를 등한시한 결과다. 시장지상주의를 외치며 독점과 불균등현상에 가볍게 대처한 결과가 어떤 것인지 우리에게 잘 암시해주고 있다. 미국의 경우 2007년 상위 1퍼센트에게 전체 소득의 23퍼센트가 돌아갔다. 대공황이 시작된 1928년 이후 처음 있는 일이었다. 지난 30년간 미국인의 일반 임금은 인플레이션을 고려하면 거의 오르지 않았으며, 2009년을 기준으로 10년 전인 1999년과 비교했을 때 미국의 순 고용증가가 제로(0)였다. 미국 현대사에서 유례없는 일이다. 사실 일자리가 영원불변의 것은 아니다. 상황에 따라 없어지기도 하지만 새로운 일자리가 창출되어 대체하는 것이 자본주의의 원리라고 할 수 있다. 이 원리가 제대로 작동하지 않는다는 것은 그 사회가 이미 정상이 아님을 의미한다. 그런데 더 우려스러운 것은 최근에 새로운 일자리 창출이 극히 부진하다는 점이다.

일자리 창출이 부진한 이유로는 기술발전에 따른 자동화, 국외 아웃소싱, 버블 붕괴 등 다양한 원인이 작용하고 있다. 그러나 미국의 많은 전략연구소는 새롭게 부각되어온 '독점' 현상을 그 원인으로 주목하고 있다. 몇몇 기업과 금융자본의 독점화가 갈수록 커지면서 많은 일자리를 창출하는 중소기업들이 줄줄이 도산하는 바람에 일자리 자체가 줄어들었다는 것이다.

레이건, 부시 행정부를 거치는 동안 기존의 반독점법 조항들이 많이 무력화되었으며, 몇 차례 M&A 열풍과 금융위기를 거치면서 강력한 독점현상이 나타나고 있다. 더군다나 이러한 독점현상은 금융, 유통, 제조업 등 거의 전 분야에 걸쳐 나타나고 있다. 몇 가지만 예를 들면, 현재 미국의 5대 은행이 전체 금융자산의 48퍼센트를 컨트롤하고 있다. 2000년 대비 약 두 배 증가한 수치다. 지방도시의 백화점들은 거의 전멸하다시피 하고 몇 개 유통망이 전국을 지배하고 있다. 맥주나 우유 등 거의 모든 생필품 시장에서 다양한 브랜드가 경쟁하는 것처럼 보이지만 사실은 몇 개 회사가 시장을 장악하고 있다. 특히 옥수수와 콩은 몬샌토라는 한 회사가 시장을 거의 장악하고 있다.

그렇다면 시장을 독점한 회사의 덩치가 커졌다고 해서 고용도 많이 늘렸을까? 우리나라 대기업들은 일자리와 관련해 가끔 볼멘소리를 한다. 해마다 고용인원을 늘리고 있는데, 왜 자신들이 일자리 부족의 원인으로 지목되는지 억울하다는 것이다. 그러나 그들이 말하는 고용인원의 증가는 재벌의 탐욕스러운 독점화 탓에 사라진 중소기업의 일자리 숫자와 비교하면 턱없이 모자란다. 게다가 문턱은 얼마나 높은가?

거대 기업의 독점화는 일자리 창출에 이바지하는 바가 거의 없다. 독점으로 시장을 장악한 기업은 새로운 투자나 고용창출 동기가 그리 크지 않다. 그렇게 하지 않아도 매출이나 영업이익이 보장되는 독점을 이루었으니 아쉬울 것이 없다. 그래서 독점기업은 대부분 자신의 시장지배력을 무기로 소비자에게 더 많은 부담을 지우고 부품 공급업체에는 납품단가 인하를 공공연하게 요구하고 있다. 반면 중소기업은 이러한 여건 속에서 성장 기회가 훨씬 줄어들게 된다. 새로운 고용을 늘릴 여지가 그만큼 없어지는 것이다. 이렇듯 대기업의 탐욕과 독점은 양극화를 더욱 심화시키는 악성종양이다.

양극화는 기업의 극단적인 이윤 추구 양상으로도 더욱 심화된다. 기업의 역할은 이윤 추구와 더불어 많은 사람이 경제적 활동 기회를 보장받을 수 있는 일자리 창출이다. 그런데 기업이 극단적인 이윤 추구만 집착하게 되면 그나마 가지고 있던 '생산적인 일자리'마저 과감히 없애버린다. 사실 기업은 이익이 만들어지는 곳으로 가게 되어 있다. 예를 들어 과거 미국의 GE는 연구개발에 투자를 많이 하는 기업이었지만 지금의 GE는 금융부문에서 가장 큰 영업이익을 얻고 있다.

그래서 GE는 '기업인수를 통한 혁신Innovation through Acquisition'이라는 신조어가 만들어질 정도로 인수합병을 통한 성장을 더욱 선호하게 되었다. 기업의 특성과 이익 창출 방식이 이렇게 바뀌면 기업으로서는 많은 일자리를 가지고 있을 이유가 별로 없다.

이처럼 새로운 독점현상과 금융자본으로의 집중에 따른 대기업과 중소기업 간의 양극화 현상은 미국경제의 활력을 떨어뜨릴 뿐만 아니라 사회의 전반적인 양극화를 가져와 경제정의와 사회통합을 무너뜨리는 심각한 문제가 되었다.

우리가 주목해야 할 것은 이러한 미국사회의 문제들이 마치 데자뷰처럼 보인다는 것이다. 태평양 건너 미국에서 벌어지는 일이 우리와 크게 다를 바가 없다. G20 국가 중에서 우리처럼 대기업과 중소기업의 양극화 현상이 심각한 나라도 없을 것이다. 더 큰 문제는 이러한 격차가 전혀 개선될 기미가 없고 오히려 더 심화 또는 고착화되고 있다는 점이다. 이처럼 중소기업의 성장 기반이 취약해지면 경제 전반의 활력이 떨어지게 된다. 그리고 실업자와 비정규직이 증대되는 등 국가경쟁력과 사회통합 측면에서 심각한 문제를 불러일으킨다. 이러한 부정적인 이슈는 신문과 방송에서 볼 수 있는 남의 이야기가 아니다. 내 부모, 형제, 자식 중 한 명은 이 문제에서 자유롭지 않다. 실제 대다수 중소기업은 이자 갚고 임금 주고 나면 남는 게 없다고 호소한다. 고용의 88퍼센트를 차지하는 중소기업의 근로자 임금도 거의 제자리걸음을 하고 있다. 그러나 식료품과 생필품 값은 1년 동안 적어도 10퍼센트 이상 올랐다.

우리 사회가 해결해야 할 가장 큰 과제가 양극화라는 데는 이견이 없다. 보수와 진보, 여당과 야당 모두 우리 사회에서 부의 양극화가 위험한 수준에까지 이르렀다고 이구동성으로 말한다. 국민소득 2만 3,000달러는 평균 수치에 불과할 뿐이다. 부자는 여전히 부자이고 대다수 국민은 여전히 가난을 면치 못했다. 케인즈의 다음과 같은 경고는 지금도 섬뜩하리만큼 정곡을 찌른다.

"이리 떼의 자유가 양 떼에게는 죽음을 뜻하듯, 경제적 자유의 이름으로 벌어지는 약육강식의 제한 없는 경쟁은 승자의 탐욕과 패자의 굶주림으로 양극화될 뿐이다."

심각한 양극화와 부의 불균형 때문에 상당수 국민은 빚에 시달리거나 생활비를 걱정해야 한다. 전세는 구하기도 어렵고 월세는 뜀박질하고 있어 서민들의 시름이 더 깊어지고 있다. 먹고사는 문제 때문에 굵은 주름이 더해가는 사람들이 이웃과 공동체의 문제에 관심을 두기는 쉽지 않다. 서민들이 먹고사는 문제를 떠나 이웃과 공동체에 시선을 돌렸을 때는 더 이상 참지 못하겠다며 '분노의 연대'를 하고 밖으로 나섰을 때다. 분노의 연대는 갈등과 혼란의 기폭제가 되어 모든 것을 뒤집어놓자고 요구한다. 그제야 정부와 기업은 허둥지둥하며 대책을 연구한다. 하지만 이미 파멸의 소용돌이에 함께 휩쓸려 회생을 기대할 수 없는 상황이 될 수 있다.

동반성장은 이러한 파멸을 막을 수 있는 예방백신이다. 그런데 일부에서는 동반성장을 '대기업에 부과하는 또 하나의 부담'이라고 비난한다. 심지어 동반성장이 포퓰리즘이라며 왜곡하기도 한다. 날뛰는 이리 떼로부터 양 떼를 보호하는 게 포퓰리즘이라면 도대체 양 떼를 지키는 방법은 무엇인가?

양 떼를 보호하려면 울타리를 견고하게 치고 풍성한 풀밭을 제공해주는 것이 중요하다. 즉 양극화 문제를 극복하려면 복지 시스템을 손보고 복지 혜택을 받을 수 있는 범위도 확대해야 한다. 그러나 빈 곳간만으로는 아무것도 할 수 없다. 당장 장마를 피하고자 곳간의 모든 것을 써버리면 추운 겨울은 온전히 지낼 수 없다. 그래서 시장경제에 대한 믿음을 되찾고 경제를 활성화하는 것이 중요하다. 복지도 돈이 있어야 가능한 일이다. 성장 없는 복지는 더 큰 문제를 유발할 수 있다. 따라서 양극화를 확대하는 성장이 아니라 양극화를 완화하는 성장이 필요하다. 복지는 문제의 해결책이 아니라 보완책으로 작용해야 한다. 이 모든 것의 동시 해법은 동반성장을 통해 중소기업의 성장기반이 강화되고 일자리가 확대됨으로써 서민들의 삶이 안정되도록 하는 것이다.

경주 최 부자가 바라보는
한국의 재벌 총수들

역사적으로 우리나라에서 가장 큰 곳간을 가진 부자는 누구일까? 바로 12대에 걸쳐 400년간이나 부를 이었다는 경주 최부잣집이다. 쌀 700~800석을 보관할 수 있는 큰 규모도 놀랍지만 더욱 놀라운 것은 이 곳간이 자신들을 위한 것이 아니라 이웃 사람들을 위한 것이었다는 사실이다. 최부잣집 사람들은 사방 100리 안에 굶어 죽는 사람이 없도록 해야 한다는 이웃 사랑의 철학을 실천하기 위해 흉년이 되면 이 곳간을 열어 쌀을 나눠줌으로써 함께 어려움을 극복해나갔다.

최부잣집의 곳간만큼이나 유명한 것이 그 집의 사랑채였다. 찾아오는 손님은 신분의 귀천을 구분하지 말고 무조건 후하게 대접하라는 집안의 가르침을 실천하느라 1년 소작 수입인 쌀 3,000석 가운데

1,000석을 손님 접대에 썼다고 한다. 게다가 손님이 떠날 때면 과메기 한 손(두 마리)과 하루분 양식을 쥐여 보냈다고 하니 가난하고 배고픈 사람들은 일부러라도 그 집에 들를 만했다. 이런 탓에 손님이 많을 때는 큰 사랑채와 작은 사랑채를 전부 합쳐 백 명이 훨씬 넘을 때도 있었다고 한다.

이처럼 묻지도 따지지도 않고 퍼주기만 하니 3대는커녕 2대라도 그 부가 이어질까 싶겠지만 어떤 이유에선지 최부잣집은 12대에 걸쳐 400년을 만석꾼 부자로 살았다. 그 마지막 대의 재산조차 모두 사회 환원으로 정리되었다. 그들이 '부자 3대를 못 간다'는 말을 비웃기라도 하듯 오랜 세월 부를 이어올 수 있었던 비결은 다름 아닌 동반성장의 정신에 있었다.

또 최부잣집에는 오랜 전통으로 지켜져온 가훈들이 있었다. "진사 이상의 벼슬은 하지 말라." "재산은 1년에 1만 석 이상을 모으지 말라." "흉년에는 남의 논, 밭을 사지 말라." "가문의 며느리들이 시집오면 3년 동안 무명옷을 입혀라"가 바로 그것이다. 집안 대대로 이렇듯 공동체를 위하는 동반성장의 정신을 지켜왔기에 최부잣집은 오랜 세월 최고의 부를 유지하면서도 이웃의 원성 대신 칭송을 받을 수 있었다.

오르막이 있으면 반드시 내리막이 있다는 말처럼 부자도 결국에는 망하는 날이 있다. 하지만 오랜 세월 부를 이어온 최부잣집은 나라와 이웃을 위해 스스로 그 부를 내려놓는 아름다운 결말을 맞았다. 최부잣집의 재산은 일제강점기 때 독립운동 자금으로 상당 부분이 쓰였다. 나머지는 해방 후 영남대의 전신인 대구대학에 기증함으로써 이웃과 후손들에게 배움의 터전을 마련해주었다.

흔히들 부자라고 하면 소설 속 주인공 스크루지 영감처럼 자신에게나 남에게 한결같이 인색한 구두쇠를 떠올리거나, 아니면 명품·보석을 휘감고 다니거나 최고급 승용차를 몰고 다니는 졸부들을 떠올리게 마련이다. 그만큼 우리 머릿속에 부자는 인색한 사람이거나 자신밖에 모르는 이기적인 사람으로 인식되어 있다. 하지만 우리는 그들을 '부자'라 부르지 않고 그 앞에 반드시 '구두쇠' '수전노' '졸부' '악덕' 등의 수식어를 붙여준다. 게다가 이것은 한 세대로만 그치지 않는다. 경주 최부잣집의 명성이 수백 년 동안 이어져온 것처럼 이러한 낯부끄러운 수식어도 자손 대대로 내려가게 되어 있다. 심지어 그들이 부를 모두 잃은 후에라도 우리 역사는 그들을 부끄럽고 창피한 부자로 기억할 것이다. 부디 이러한 불명예가 후손에게까지 이어지지 않도록 지금이라도 곳간을 열어 이웃과 더불어 행복할 수 있는 부자가 많이 나오기를 바란다.

"재물은 분뇨(똥거름)와 같아서 한곳에 모아두면 악취가 나 견딜 수 없고 골고루 사방에 흩뿌리면 거름이 되는 법이다."

경주 최 부자 가문의 마지막 부자였던 최준이 평생 가슴에 새기고 살았던 어느 노스님의 금언처럼 지금 이 사회 곳곳에서 풍기는 악취들이 꽃을 피우고 나무를 자라게 하는 건강한 거름이 되려면 내 손에 들어온 부를 움켜쥐기보다는 골고루 사방에 흩뿌리는 일이 필요하다.

더불어 사는 것이 행복하게 부를 쌓는 비법이다

경주 최부잣집의 일화에서도 잘 알 수 있듯이 우리나라의 옛날 부잣집들은 부를 축적하는 데 해서는 안 될 일들을 엄격하게 지켰다. 내가 청소년기이던 1950년대 후반에서 1960년대 초반에 우리나라에서 부자는 주로 지주를 말했다. 그때는 부자들도 별로 없었지만 부자들이 힘없는 농민들에게서 크고 작은 땅을 자꾸 사들여 자기 자식들에게 물려주었다는 얘기는 들어보지 못했다. 그러나 요즈음 우리 국민의 눈에 비친 재벌들의 행태는 꼭 그런 모습이다.

한국슈퍼마켓협동조합의 추정에 따르면, 재벌 대기업들이 골목상권을 잠식한 결과 2006년 9만 6,000개에 달하던 면적 150제곱미터 이하 영세 슈퍼마켓이 2009년에는 8만 3,000개로 줄어들고 2010년에는 7만 5,000개로 줄어들어 4년 사이에 2만 1,000개가 사라졌다고 한다. 이러한 기업형슈퍼마켓의 골목상권 침해가 사회적 문제가 되자 대기업 지분이 절반을 넘는 SSM 점포를 조정하도록 하는 제도가 만들어졌다. 그러자 대기업은 지분율을 45~49퍼센트로 만들어 개업하는 방식으로 규제를 교묘하게 피해 갔다. 2011년 이후 새 점포의 절반가량이 이런 식으로 규제를 회피한 대기업 점포였다.

재벌들의 계열사 수만 보더라도 30대 재벌기업은 2006년 731개에서 2011년에는 1,150개로 5년 만에 거의 두 배에 가까운 역대 최고 수준으로 늘어났다. 문어발 확장이 아니라 지네나 노래기 수준의 확장이 아닐 수 없다. 재벌들은 이런 계열사 확장이 정당한 투자라고 항변할 것이다. 그러나 그들의 덩치가 너무 커지다 보니 이런 확장은 중소기업의 숨통을 조이는 독과점의 횡포로 보인다.

얼마 전 전국을 뜨겁게 달군 대형할인점의 '반값안경테' 사건이 있었다. '통큰치킨' 사건 때와 마찬가지로 영세사업자들을 배려하지 않는 대기업의 마케팅 전략에 국민의 시선이 곱지만은 않았다. 저렴한 가격에 치킨을 먹을 수 있고 안경테를 장만할 수 있었지만 많은 소비자들은 자신의 이익보다는 영세한 가게를 운영하며 생계를 유지하는 동네 이웃을 먼저 생각했다.

대기업은 할인점 고객을 유치하기 위한 마케팅 전략의 일환이었을 뿐 실제 판매 이득은 별로 없었다고 궁색한 변명을 늘어놓았다. 그 변명을 그대로 받아들인다 해도 이 사건들에서 우리가 주목할 점은 우리 국민이 대기업에 대해 어떤 심리적 태도를 보이고 있는가 하는 것이다.

오늘날 대한민국 발전은 대기업의 발전과 함께해왔다. 대한민국의 성공신화는 고 정주영 회장을 비롯하여 오늘의 대기업을 일군 창업 영웅들을 떼어놓고는 설명하기 어렵다. 하지만 우리나라의 대기업들은 언젠가부터 21세기를 살아가는 우리 사회의 일그러진 영웅이 되었다. 강자에게는 약하고 약자에게는 강하다. 정경유착의 피해자인 듯하지만 실제로는 정경유착의 기획자며 이익을 위해 수단과 방법을 가리지 않고 탈법도 스스럼없이 저지르는 '통큰' 공룡처럼 보이는 것이다. 그래서 국민은 그들의 마케팅 전략을 그저 순수하게만 바라볼 수 없다. 오히려 '그들이 이제는 치킨까지……'라며 분노할 수밖에 없다.

이러고도 재벌총수들이 국민에게 존경받기를 기대할 수 있겠는가? 왜 자기들을 존경하지 않느냐며 은근히 불편한 심기를 드러내보인 적도 있었다. 국민이 재벌총수들을 존경하지 않기 때문에 재벌들이 투자를 안 한다는 엉뚱한 말을 흘리기도 했다. 경주 최 부자가 살아 돌아온다면 오늘날의 재벌총수들을 어떻게 생각할까? 자기 자손들에게 엄히 금했던 일들을 하는 재벌총수들을 '해서는 안 될 짓을 하는 사람들'이라고 생각할 것이다.

나는 경주 최 부자가 오직 성품이 자애로워서 그런 금도를 지켰다고 보지는 않는다. 그렇게 하지 않으면 사람들이 등을 돌릴 것이 두려웠던 이유도 있었던 것 아닐까? 사람들이 등을 돌리는 인색한 부자, 재산은 많아도 친구가 없고 따르는 사람은 많아 보여도 자기를 진심으로 좋아하는 사람이 없는 외톨이 부자가 되기 싫어서가 아니었을까?

논이 많으면 뭐 하겠는가. 사람들이 그 논에 와서 일하기를 거부한다면 결국 죽은 논이 된다. 집이 대궐같이 넓으면 뭐 하겠는가. 이웃들이 모두 떠난 마을에 대궐같이 큰 집이 있다 한들 무인도에서 혼자 호사를 누리는 쓸쓸함을 면할 수 없다. 경주 최 부자는 더불어 사는 것이야말로 행복하게 부를 쌓는 비법임을 알았던 것이다.

동반성장 문화와 시스템 정착에 앞장서야 한다

세계적으로 유명한 트렌드 컨설팅회사인 트렌드워치TrendWatch의 보고서를 보면, 21세기의 새로운 트렌드를 설명하는 키워드 중에 관용, 아량, 너그러움, 기부 등을 뜻하는 'Generosity'의 첫 글자를 딴 G세대Generation G라는 말이 있다. 이 보고서는 G세대가 '부담 없이 자동으로 기부와 자선하는 방법을 찾고 있다'고 분석했다. 이것은 넓게 본다면 동반성장의 의미와 크게 다르지 않다.

2010년에 빌 게이츠와 워런 버핏이 미국의 부자들을 초청해 재산의 절반을 사회에 기부하자는 운동을 펼친 일이 있다. 또 그들은 같은 해 9월에 중국의 억만장자들을 모아놓고 사회적 기부운동을 촉구하기도 했다. 이처럼 미국 신흥부자들의 사회적 기부운동은 글로벌한 차원으로 확대되고 있다.

아울러 신흥국가들에서도 일반 대중의 인식과 트렌드가 변화하고 있다. 예를 몇 가지 들면, 78퍼센트의 인도인, 77퍼센트의 중국인, 80퍼센트의 브라질 소비자들은 사회적 선행을 하는 기업 혹은 브랜드를 더 선호한다고 응답했다. 전 세계 소비자의 평균 응답률이 62퍼센트였음을 고려하면 이들 신흥국가들이 훨씬 더 높은 반응을 보였음을 쉽게 확인할 수 있다. 그뿐만 아니다. 전 세계 소비자의 86퍼센트는 기업들이 기업 이익을 중시하는 만큼 또는 그 이상으로 사회적 이익을 중시해야 한다고 응답했다. 또 인도, 중국, 멕시코, 브라질 소비자의 80퍼센트는 이익의 일정 부분이 선행에 쓰이기를 기대한다고 응답했다.

한편 영국에서는 '사회적 기업'의 수가 5만 5,000개를 넘어섰다. 총매출도 50조 원을 넘어 GDP의 2퍼센트, 고용의 5퍼센트를 담당하고 있다. '사회적 기업'도 과거처럼 '벌고 난 뒤에 잘 쓰자'는 접근 방법이 아니라 '버는 과정에서도 잘 쓰자'는 접근 방법으로 전환한 것이며, 이 역시 동반성장과 같은 맥락의 사회적인 변화라고 할 수 있다.

워런 버핏이나 빌 게이츠 같은 존경받는 부자들은 자신의 기부행위를 단순한 선행이나 베풂으로 여기지 않는다. 자신이 부를 축적하기까지 수많은 사람의 도움과 희생이 있었던 만큼 부의 사회 환원은 당연한 책임이라고 여긴다. 심지어 워런 버핏은 다음과 같이 말하며 자신과 같은 부자들이 세금을 더 많이 내야 한다고까지 주장했다.

"서민층과 중산층이 우리를 위해 아프가니스탄에서 싸울 때, 또 대부분의 미국인이 어렵게 살아갈 때 우리 부자들은 엄청난 세금을 감면받았다."

온갖 편법을 동원하여 탈세를 궁리하고 부자 감세나 주장하는 우리나라의 부자들로서는 도저히 이해 못할 고차원의 부자 철학인 셈이다. 그렇다고 해서 우리나라의 재벌 대기업들이 모두 자신의 배 불리기에만 급급한 '악덕' 부자라는 것은 아니다. 착하고 존경받을 만한 부자까지는 아니더라도 적어도 동반성장의 필요성을 인정하고 노력하는 모습을 보이기 시작했다.

한 예를 들자면 어떤 자동차 회사는 필요한 부품을 일괄 구매한 다음 이를 구매가격 그대로 협력사에 공급하는 소위 '원자재 사급제도'를 시행하고 있다. 또한 '자동차부품산업진흥재단'을 중심으로 기술지도, 경영컨설팅, 협력사의 운영자금 지원 등 다양한 동반성장 노력을 하고 있다. 게다가 중국에서 사회적 책임을 잘하는 기업으로 평가받아 중국 소비자에게도 큰 사랑을 받고 있다고 한다. 그러나 최근 비정규직 사내아래도급업체 문제와 같이 넘어야 할 산이 많은 것 또한 사실이다.

　물론 대기업과 중소기업의 동반성장을 위한 노력이 아직은 소수의 대기업에 국한된 상황이며 확대되고 개선되어야 할 점들이 여전히 많다. 특히 동반성장의 진정성 그리고 지속가능성에는 회의가 많다. 하지만 적어도 그들이 현재 보여주고 있는 다양한 노력 덕분에 우리는 다시 희망을 꿈꿀 수 있다. 또 이제 겨우 첫발을 내디뎠을 뿐이니 그 노력을 더욱 칭찬해주고 격려해줌으로써 동반성장이 우리 사회에 바람직한 문화와 시스템으로 잘 정착될 수 있도록 함께 힘을 모아야 한다.

크고 작은 나무를 함께 키워야 숲을 만들 수 있다

풍수학적으로 볼 때 집안의 복을 부르려면 무릇 집 곳곳에 좋은 기운이 잘 돌아야 한단다. 즉, 집의 구조나 가구 등에 막힘이 없이 골고루 좋은 기운이 잘 돌아야 복을 받을 수 있다는 것이다. 굳이 풍수학적인 근거까지는 아니더라도 사람의 몸도 혈액이 온몸을 골고루 잘 돌아야 건강하고 방에 군불을 땔 때도 따뜻한 기운이 구들장에 골고루 잘 전해져야 방이 따뜻하다.

한 나라의 경제도 마찬가지다. 나라 전체가 건강하려면 자본이 막힘없이 잘 돌아야 한다. 어느 한곳에 자본이 집중되면 경제의 동맥경화 현상을 피할 수 없다. 그 때문에 심각한 합병증까지 맞게 된다. 누군가 '이것은 내 것!'이라며 돈을 꽉 붙들고 있다면 돈이 없는 다수 사람은 배를 곯거나 주린 배를 채우기 위해 빚을 내야 하는 상황이 발생한다. 이런 상황에서는 경제성장은 고사하고 늘어나는 빚 때문에 궁지에 몰린 대다수 사람의 분노 또한 피할 수 없게 된다. 다 같이 따뜻하게 지내자며 방에 불을 땠다. 그런데 누구는 뜨끈뜨끈한데 누구는 냉골이면 화가 나는 것은 당연한 일이다.

실제로 우리 사회의 자본집중 현상은 경제의 선순환을 가로막는 주요 요인으로 작용하고 있다. 그 때문에 우리 경제는 가계부채가 늘고 소비가 줄어드는 등 역동성을 잃고 성장이 주춤한 상태가 되었다. 선순환 구조를 재가동할 수 있어야 우리 경제는 역동성을 회복해 모두가 골고루 뜨끈한 구들장의 혜택을 볼 수 있다. 그러는 데 필요한 것이 바로 동반성장이다.

동반성장이 제대로 된다면, 무엇보다 대기업으로부터 전체 고용의 88퍼센트를 담당하는 중소기업 부문으로 자금이 원활하게 흘러들어 갈 것이다. 그렇게 되면 중소기업에서 일하는 근로자들에게 더 많은 소득이 돌아갈 수 있다. 또 가계소득이 늘어나니 빚을 낼 이유도 그만큼 줄어들고 내수도 살아날 것이다. 그렇게 내수가 회복되면 일자리도 더 많이 창출될 수 있고 양극화도 그만큼 해소될 수 있다. 결국 우리 경제가 당면한 내수 및 가계소득 부진, 일자리 부족, 청년실업 문제, 가계부채 문제, 양극화, 복지요구 등을 한꺼번에 해결하는 행복한 선순환의 첫 출발점이 바로 동반성장을 잘하는 것이다.

동반성장은 자금흐름의 물꼬를 터준다

지난 10년 가까이 우리 경제의 발목을 잡아온 여러 가지 문제는 알고 보면 서로 연결된 것들이다. 게다가 이런 문제들은 이미 해묵은 한국경제의 고질병이 되어 능력이나 노력보다 덜 좋은 성과를 만든다. 그 때문에 경제는 계속 어려워졌다. 즉, 노력해도 안 되는 악순환의 사회가 된 것이다. 그 결과 사람들의 마음도 각박해져 미풍양속이 사라지고 국민 대부분이 의기소침해지면서 경제가 겉늙어버렸다. 마치 오랫동안 혈관에 축적되어온 찌꺼기들 때문에 영양소나 산소 공급이 원활하지 못해 온몸의 세포들이 겉늙어가는 것처럼 말이다. 김치는 묵을수록 맛이 나지만 병은 묵힐수록 죽음에 더 가까워지는 법이다.

그나마 다행스러운 것은 이러한 한국경제의 오랜 고질병이 치료할 수 없는 불치병은 아니라는 것이다. 우리의 노력 여하에 따라 한국경제의 당면 문제를 해결하는 것은 물론이고 앞으로 더 발전할 가능성도 충분히 있다. 치열하게 도전해보기도 전에, 우리에게 주어진 숙제를 마치기도 전에, 소득이 2만 3,000달러가 되었으니 경제가 쇠약해지는 것은 당연하다고 체념해서는 안 된다. 우리가 당면한 문제들의 연결고리를 끊어버림으로써 한국경제 특유의 역동성을 회복해 공정한 경쟁과 다양한 이노베이션이 활발히 일어나는 경제로 바꾸어놓아야 한다. 대기업만 잘나가는 경제가 아니라 중소기업도 강하게 성장하고 가계소득이 올라 빚 부담도 줄어들며 내수가 튼튼해져 일자리가 많아지고 청년들이 마음에 드는 일자리를 찾을 수 있는 경제,

미래에 희망을 품고 인생을 계획할 수 있는 경제가 바로 우리가 추구해야 할 미래상이다.

그러면 구체적으로 어떻게 현재 우리 사회가 당면한 여러 문제의 연결고리를 끊어야 하는가? 그 시작은 한곳에 집중된 자본이 사회 곳곳으로 잘 흐를 수 있도록 물꼬를 터주는 것이다. 현재 우리나라의 대기업 자본집중 현상과 그에 따른 경제의 악순환은 생각보다 심각하다. 정상적인 경제에서라면 가계는 땀 흘려 일해 번 돈을 열심히 저축하고 기업은 그 돈을 빌려 왕성하게 투자해야 한다.

그런데 우리 경제는 지금 저축의 주체여야 할 가계가 엄청난 빚을 안고 있고 돈을 빌려 투자를 해야 할 기업이 지나치게 저축을 많이 하고 있다. 특히 재벌 대기업에 들어간 돈이 계속 쌓이기만 하고 가계나 중소기업 부문으로 잘 흘러나오지를 않으니 가계는 소득이 늘어나지 않아서 허리띠를 졸라매도 빚을 질 수밖에 없게 되었다. 게다가 이는 다시 소비와 투자 부진으로 이어져 고용창출이 어려워졌다. 그 결과 청년실업이 줄어들지 않고 실업률도 증가하고 있다. 이 때문에 가계 빚은 더욱 늘어나게 됐고 양극화는 더 심해지며 복지에 대한 요구는 갈수록 커지고 있다.

이런 현상은 2005년 무렵부터 인지되기 시작해 햇수로 이미 8년 묵은 고질병이 되었다. 게다가 이 병은 한두 가지 방법으로 해결될 수 있는 성질이 아니다. 노무현 정부와 이명박 정부에서 이 문제들을 해결하기 위해 여러 가지 대책을 내놓았지만 모두 효과를 거두지 못했다.

정부가 나서서 중소기업에 투자자금을 공급하려면 궁극적으로 세금도 늘어나 조세저항이 우려될 뿐 아니라 과연 어느 중소기업에 투자자금을 공급해야 하는지 식별해내기가 매우 어렵다. 지금도 신용보증기금 같은 공공기관을 통해 중소기업에 자금을 공급하는 제도가 있다. 하지만 IMF 등 국제기구에서는 그런 제도의 효율성을 문제 삼아 점차 지원규모를 줄여나갈 것을 권고하고 있는 형편이다.

사실 그동안 공적 자금으로 들어간 사업에 대해서 관리감독이 철저해야 한다. 시중에서는 정부의 공적 자금이 '눈먼 돈'이라고 비아냥거린다는 것을 알아야 한다. 즉 누구라도 형식만 갖추면 지원받을 수 있고 그것으로 끝이기 때문에 눈먼 돈이라는 것이다.

반면 동반성장의 구체적 방안으로 제시한 이익공유제, 중소기업 적합업종 선정, 조달청 입찰의 80퍼센트를 직접 중소기업에 할당하는 제도 등은 정부의 직접 개입 없이 대기업에 몰렸던 돈을 중소기업에 흘러들어 가도록 하는 제도다. 이런 제도들이 실현되고 정착되면 중소기업의 상황을 상당히 개선할 수 있을 것이다. 동반성장을 통해 지원받게 될 중소협력업체들은 우선 대기업으로부터 실력과 기여도를 인정받았기 때문에 자금이 엉뚱한 곳으로 흘러가는 비효율이 최소화될 것이다. 그리고 이렇게 흘러간 자금은 중소기업의 실력을 증진하고 자생력을 키워 결국 근로자의 가계 형편도 개선될 수 있다. 또 소득이 높아지니 소비를 창출해 내수가 활성화될 수 있다.

따라서 동반성장을 통한 문제 해결은 우리 경제의 막힌 자금순환을 뚫는다는 점에서 굉장히 중요하다. 동반성장은 경제 선순환이 재가동되도록 하는 효율적인 방법이다. 일각에서는 동반성장을 통해 중소기업으로 흘러가는 돈이 많아봤자 얼마나 되겠느냐고 하는 사람도 있다. 그러나 그 액수는 무시 못할 수준이 될 것이다. 각종 시뮬레이션이 이를 증명해준다.

또한 당장에는 중소기업으로 큰돈이 흐르지 않는다 할지라도 기억할 것이 있다. 거대한 호수는 실개천에서 흘러나오는 물이 모여들어 이뤄지는 것이다. 가는 핏줄에 흐르는 혈액이 우리 몸을 지탱하고 있는 것처럼 작은 흐름이 꿈과 미래가 기다리고 있는 바다로 이어진다.

정부의 동반성장 의지와 노력이 필요하다

대기업들이 우리나라의 돈줄을 움켜쥐고 있다. 과연 그들이 갖고 있는 돈의 규모는 어느 정도일까? 2012년 기준으로 증권거래소에 상장한 대기업이 가지고 있는 현금성 자산이 넉넉잡아 100조 원이 넘는다는 보도가 있었다. 100조 원이 얼마나 많은 돈인지 쉽게 가늠하기가 어렵지만 그 규모를 대략 짚어보면, 예수님 혹은 부처님이 태어나서 오늘까지 하루도 거르지 않고 매일 100만 원씩 써도 다 못 쓰는 것이 1조 원이다. 대기업이 가진 돈은 그것의 100배인 100조 원이다. 어마어마하게 큰돈이다. 대기업은 그렇게 큰돈을 가지고도 투자할 대상이 없어 상당 부분을 은행에 묵혀둔다고 한다. 이런 다소 어이없는 현실에서 더 아이러니컬한 것은 중소기업은 투자대상은 있는데 돈이 없어서 투자를 못 한다는 것이다.

성장을 위해서는 투자가 필수다. 따라서 대기업에는 투자대상을 찾아주고 중소기업에는 좋은 아이디어를 실현할 자금을 지원해야 한다. 그리고 좋은 아이디어에 대해 정당한 대가를 지급함으로써 성장을 촉진할 수 있다. 아무리 좋은 아이디어를 내도 정당한 대가를 받지 못한다면 기술혁신은 위축될 수밖에 없다. 우리에게 필요한 것은 좀 더 다양한 기술혁신이 여러 분야에서 일어나는 것이다. 대기업 부문의 이노베이션도 중요하다. 하지만 우리가 좀 더 관심을 두고 키워야 하는 것은 중소기업 부문의 이노베이션이다. 그리고 중소기업의 이노베이션이 활발해져야 우리 경제의 편중구조도 해소될 수 있다.

이러한 대기업과 중소기업의 자발적 상생구조가 형성되려면 정부의 적극적인 지원이 반드시 뒤따라야 한다. 한국경제의 근본적인 문제를 해결하기 위한 해법은 경제의 균형을 회복하고 중산층과 서민을 살리는 정책을 펴는 데 있기 때문이다. 이를 위해서는 그것을 실제로 집행할 장기적 전략과 일관성 있는 정책이 필수적이다.

좀 더 구체적으로 정리해보자.

첫째, 정부의 경제팀이 신뢰와 리더십을 회복해야 한다. 이것이 문제 해결의 출발점이다. 금융위기 때 경제정책 책임자의 판단은 흔히 아트Art라고도 한다. 경제정책이 단순한 기술보다 좀 더 고차원적인 판단을 해야 하는 매우 섬세한 작업이라는 뜻이다. 예컨대 똑같은 정책수단이라도 언제 어떤 상황에서 실행하느냐에 따라 정반대 결과가 나타날 수도 있다.

특히 위기 때는 경제변수들의 민감도가 높아져 변수들 사이에 상호작용이 매우 활발해진다. 인간의 심리가 극도로 민감해져 있기 때문이다. 따라서 경제정책 책임자가 무심코 한 발언에도 집단심리가 반응해 전혀 예기치 못한 결과가 발생하기도 하니 발언의 타이밍이나 수위, 예상반응까지도 충분히 고려해 정책을 펴야 한다.

그뿐만 아니라 경제정책 책임자의 발언이나 행동은 동태적으로도 잘 조율되어야 한다. 다시 말하면, 어제 어떤 말을 하고 오늘 어떤 말을 했을 때 그 말들의 내용이 일관되느냐 아니면 말이 바뀌었느냐에 따라 정책의 효과는 전혀 다르게 나올 수 있다는 것이다. 만약 말이 바뀌고 말과 행동이 일치하지 않게 되면 정책효과는 많이 줄어든다. 따라서 위기에 잘 대응하려면 무엇보다도 경제팀이 시장에서 신뢰와 리더십을 확보해야 한다. 그리고 이를 위해서는 이들 스스로 위기를 극복하기 위해 일관된 청사진을 가져야 한다. 큰 그림 없이 대증적으로 대응하다가는 스스로 일관성을 잃게 되고 신뢰도 잃기 쉽다.

둘째, 중소기업과 자영업을 살리고 중산층을 보호하는 적극적 경제운용이 필요하다. 특히 오늘날과 같이 대기업에 자본이 몰려 서민들의 삶이 갈수록 팍팍해지는 상황에서는 더더욱 정부의 역할이 중요하다. 단기적인 성과에 집착하기보다는 장기적으로 성장잠재력을 확충하는 데 투자를 아끼지 말아야 한다.

민간 부문에서는 중소기업과 내수 부문을 육성하는 데 정책적 노력을 집중해야 한다. 물론 수출 대기업을 등한시하자는 이야기는 아니다. 그러나 수출 대기업을 먼저 지원해 성장하게 하면 그 과실이 아래로 흘러내릴 것이라는 낙수효과에 기대어서는 중소기업과 자영업 부문의 발전을 더는 이룰 수 없다. 그래서는 일자리 창출과 중산층 복원이라는 목표를 달성할 수 없다. 낙수효과는 1960~1970년대식의 낡은 성장전략이고 21세기 한국경제에서는 그 유효성이 크게 약화되었다.

지금 우리나라는 경제의 역동성을 찾고 균형을 회복하는 것 못지않게 사회통합이 매우 중요한 시기다. 현재 우리 사회 곳곳에서 일어난 여러 문제는 분배가 악화되어 발생한 위기다. 그래서 더욱 악성이라고 할 수 있다. 악성종양은 응급처치만으로 해결할 수 없다. 종양을 아예 제거하지 않으면 시한부 인생을 연명하는 데 불과하다. 근본적인 치료가 필요하면 과감하게 메스를 대야 한다. 위기에 직면했다면 과거의 틀을 과감히 깨뜨려야 한다. 머뭇거리며 옛것에 집착하면 새로운 시대의 흐름을 온전히 반영할 수 없다. 따라서 경제적 약자의 소득기반을 튼튼히 해주기 위한 정부의 동반성장 의지와 노력이 있어야만 문제를 근본적으로 해결해나갈 수 있다.

물론 이러한 작업이 단기간에 쉽게 이루어질 수는 없겠지만 사회의 지도자들이 나서서 더 나은 미래에 대한 큰 그림을 보여주고 사회구성원들의 협력을 구한다면 불가능한 일도 아닐 것이다. 정부와 사회구성원들의 적극적인 노력으로 동반성장이 이른 시일 안에 결실을 거둔다면 자금 흐름은 더욱 원활해질 것이다. 이를 계기로 가계부채 문제를 비롯해 우리가 당면하고 있는 여러 경제문제가 해법을 찾아나갈 수 있을 것이다.

고속성장을 원한다면 우선 동반성장부터

온갖 오염으로 찌든 하천에서 악취가 풍기니 뒤늦게 자연생태계를 만든다고 한다. 그런데 구정물이 흐르는 하천을 원래의 자연 하천으로 바꾸기는 쉽지 않다. 굴착기와 불도저를 가지고 와서 하천을 정비한다고 해서 갑자기 물고기가 생겨나고 철새들이 찾아오는 것은 아니다. 하천의 물이 자연적인 회복력과 정화 기능을 갖추기까지 시간이 많이 걸린다. 그리고 하천 주위를 시멘트가 아니라 흙으로 정비하며 수풀이 저절로 생겨나기까지 여러 복원 단계를 거쳐야만 한다. 무조건 삽질을 한다고 해서 될 일이 아니다. 한 국가의 경제성장도 마찬가지다. 지금은 과거 한강의 기적처럼 초고속 성장을 기대할 수 없다. 더군다나 과거의 성장방식에서는 독점과 독주를 어느 정도 용인해줬지만, 이제는 독점과 독주를 경계해야 한다.

그래서 성장 단계를 차근차근 밟으며 사회구성원 모두가 성장의 과실을 맛볼 수 있도록 해야 한다.

우리는 비교적 늦게 경제성장을 시작한 나라 가운데서 처음으로 50-20클럽에 가입하게 되었다. 그런데 여기서 더 욕심을 내어 50-20클럽이 아니라 80-30클럽이 되어야 한다는 사람도 있다. 50-20클럽이 인구 5,000만 명 이상, 1인당 GDP 2만 달러 이상인 나라를 말하니 80-30클럽이란 인구 8,000만 명 이상에 1인당 GDP가 3만 달러 이상인 나라를 의미하는 것이다. 이는 아마도 남북을 통일해 인구를 8,000만으로 만들고 1인당 GDP를 3만 달러 이상으로 만든다는 비전을 말하는 것이리라. 현재 인구가 8,000만 이상인 나라 가운데 1인당 GDP가 3만 달러 이상인 나라는 미국, 일본, 독일밖에 없으니 우리가 그것을 달성하게 되면 세계에서 네 번째 국가가 된다는 것이다.

이런 비전은 우리가 반드시 추구해야 할 미래상임이 분명하다. 그런데 통일한국을 만드는 것은 우리가 의욕만 앞세운다고 해서 이루어지는 사안이 아니다. 거기에는 북한이라는 상대가 있고 미국, 일본, 중국, 러시아 같은 주변국들의 이해관계가 복잡하게 얽혀 있다. 게다가 아직 우리 국민끼리의 의견조차 하나로 모이지 않고 있다. 실제로 크고 작은 북한 문제가 불거질 때마다 국론이 두 갈래로 분열되어 남남갈등이 첨예하게 드러났다. 이는 굉장히 소모적인 갈등이었을 뿐 아니라 우리 정부의 외교적 행보에 힘을 빼버리는 결과를 가져오곤 했다.

복잡하게 얽혀 있는 문제를 풀어나가려면 치밀하고 일관된 전략과 그 전략의 추진을 뒷받침해주는 온 국민의 인내와 지지가 필요하다. 나는 통일한국의 비전을 말하기 전에 대북 문제에 관한 우리 내부의 의견부터 하나로 모으는 작업이 시급하다고 생각한다. 우리 내부부터 하나가 되어야 의미 있는 통일논의가 가능해질 것이다. 그뿐만 아니라 통일을 하거나 북한이 시장을 개방해 남북한 시장이 통합된다 하더라도 북한 지역이 곧바로 의미 있는 시장이 되기는 현실적으로 어렵다는 사실도 충분히 인식할 필요가 있다.

80-30은 언젠가는 달성해야 할 우리 민족의 지상목표임은 틀림없다. 그러나 50-20을 이제 막 달성한 우리가 다음 목표로 추구해야 할 것은 80-30이 아니라 50-30이어야 하지 않을까 생각한다. 80-30을 달성하고자 한다면 그에 앞서 중간목표로 50-30을 달성해낼 수 있어야 한다. 50-30도 달성 못한다면 80-30을 논하는 것은 허황된 일이다.

50-10에서 50-20으로 올라서는 데도 수많은 난관을 거쳐야 했듯이 50-20에서 50-30으로 올라서는 데도 극복해야 할 과제가 많을 것이다. 게다가 우리 사회는 현재 매우 빠른 속도로 고령화가 진행되고 있기 때문에 2만 달러에서 3만 달러로 올라서기가 더욱 어려워질지 모른다. 그러나 나는 우리 경제가 이 목표를 달성하기 위한 잠재력이 아직 충분히 남아 있다고 믿는다. 아직 오늘날에 맞는 경제 활력의 해법, 즉 '동반성장'이 지금껏 시도되지 않았기 때문이다.

기업생태계를 구축하는 동반성장은
투자 활성화의 열쇠다

　1인당 3만 달러의 경제를 만들려면 투자가 지금보다 훨씬 많이 활성화되어야 한다. 머지않아 우리 경제는 고령화와 함께 일할 수 있는 연령층의 숫자가 줄어드는 때가 온다. 그렇게 되면 경제 활력은 눈에 띄게 줄어들 것이므로 그러한 상황에서도 1인당 생산액을 늘리려면 지금보다 훨씬 더 많은 투자가, 그것도 효율성이 높은 투자가 일어나야 한다.

　1990년대 들어 IMF 외환위기가 터질 때까지 거의 10년 가까운 기간에 우리 경제에는 지나칠 정도로 투자가 많이 일어났다. 투자수익률이 투자비용보다 더 낮아 투자를 하면 할수록 손해가 날 정도였는데도 투자는 계속해서 늘어났다. 그렇지만 IMF 외환위기를 계기로 과잉투자는 일거에 해소되었고, 투자하면 이익이 나는 효율적인 투자로 변했다. 하지만 문제는 투자율이 낮다는 데 있다. 과잉투자에서 투자부족으로 반전된 것이다.

　투자부진은 김대중 정부와 노무현 정부를 거쳐 지금의 이명박 정부까지 3대 정권에서 계속되었다. 지난 15년 가까이 경제에서 투자가 모자랐던 것이다. 그 결과 과거 3대 정권에서는 잠재성장률이 꾸준히 하락하고 경제의 역동성이 차츰 쇠약해지면서 오늘날에 이르게 되었다.

　그렇다면 과거에는 그렇게도 왕성하던 투자가 지금은 왜 이렇게 부진한 것일까? 우리나라에서 투자가 부진한 이유는 경제학적 분석으로는 잘 설명되지 않는다. 금리를 낮춰도 투자가 일어나지 않는다. 수출이 호황인데도 투자는 저조하다. 1990년대 중반까지는 수출이 잘되면 투자가 따라서 일어나 내수가 호황을 이루었다. 수출이 내수를 견인하는 선순환 구조였던 것이다. 수출이 호황을 이루면 내수와 함께 경제 전체가 고도성장을 어김없이 달성하곤 했다. 그러나 2000년대 들어서는 수출이 아무리 잘되어도 투자가 따라주지 않아 고도성장이 불가능해졌다.

수출은 잘되는데도 성장이 저조했던 2005년 무렵에 카드사태 여파로 소비가 줄어들던 기간이 종료되고 바야흐로 수출 증가가 내수 호황을 이끌어내 경제가 한 차례 도약할 수 있을 것이라는 기대감이 있었다. 실제로 그 당시 중국 특수로 1980년대 중반의 저달러·저유가·저금리의 이른바 '3저 호황'에 못지않은 두 자릿수 수출 증가세가 계속되었다. 그러나 성장률은 기껏해야 3~4퍼센트에 지나지 않았다. 투자가 생각했던 것보다 훨씬 부진한 것으로 나타났기 때문이다. 수출 호황이 내수 호황을 견인하던 연결고리가 끊어지면서 한국 경제가 고도성장을 이룰 수 없게 되었음을 확인한 사례였다.

연일 사상 최고치의 매출과 영업수익을 올리는 대기업 관련 뉴스는 사람들의 고개를 갸웃거리게 한다. 경기침체 때문에 대기업들이 새로운 투자를 하지 않고 현금을 꽉 묶어둔다는 뉴스도 들린다. 유비무환 측면에서 보면 이해를 못할 바는 아니다. 그러나 과연 투자하지 않고 돈을 묶어둔 것도 모자라 중소기업을 쥐어짜거나 황금알을 낳는 닭과 같은 아래도급업체는 친인척들로 채우는 일은 어떻게 설명할 수 있을까?

세계의 유명한 혁신기업들은 불황이라고 해서 지갑 열기를 주저하는 것이 아니라 과감하게 투자하는 승부수를 띄웠다. 인텔은 IT 버블이 푹 꺼진 2000년대 초반에 지속적으로 투자했다. 닷컴 거품의 신화가 막을 내리던 시점에서 IT 분야의 신규 투자는 많은 전문가조차 우려하는 사안이었다. 그러나 인텔은 경쟁사인 AMD가 컴퓨터의 중앙처리장치인 CPU 설계 투자에 성공해서 매출을 인텔보다 세 배나 많이 올리고 있는 상황을 가만히 두고 볼 수는 없었다.

경기침체에다가 경쟁사의 약진은 몸을 사리기도 전에 기가 죽는 상황이었을 것이다. AMD도 본격적인 불황기에 들어서자 수익성 악화를 이유로 설비투자를 중단했다. 하지만 인텔은 새로운 투자를 멈추지 않았다. 펜티엄4 프로세서 개발에 성공한 인텔은 대대적인 마케팅 투자까지 이어가며 시장에서 성공을 거두었다. 반면 AMD는 구조조정을 해야 할 만큼 사업이 위축되었고, 인텔에 1등 자리를 내줘야만 했다. 위기는 곧 기회라는 오래된 격언은 여전히 성공의 실마리를 제공한다. 인텔의 성공은 위기 때 지갑을 열지 않는 것이 오히려 더 위기에 빠질 위험이 크다는 것을 여실히 보여준다.

그리고 오늘날 성공하는 기업의 투자는 자사뿐만 아니라 생태계에 속한 기업들에 대한 투자이기도 하다. 최근에는 문어발식 재벌 경영이 되레 기업을 위기에 빠뜨릴 수 있다고 수많은 전문가가 경고하고 있다. 혁신과 전문성을 추구하는 기업이야말로 지속가능한 경영을 보장받을 수 있다는 것이다. 애플이나 마이크로소프트처럼 미국의 대기업은 곧 전문기업이기도 하다. 이들은 자신의 핵심역량을 더욱 강화할 뿐 그 밖의 역량은 아웃소싱이나 생태계를 통한 공급으로 해결한다.

세계적인 경영 컨설턴트인 제임스 무어는 1998년에 『경쟁의 종말』에서 "앞으로 경제계는 개별 기업 간의 경쟁에서 시스템 간의 경쟁으로, 다시 기업생태계 간의 경쟁으로 변화할 것이다"라고 미래를 예측했다. 지금 그의 예측대로 정확하게 들어맞고 있다. 애플의 성공 원인도 그들이 모든 것을 다하는 것이 아니라 생태계를 만들었기 때문이다. 애플의 혁신은 어쩌면 아이팟과 아이폰, 아이패드 같은 제품이 아니라 그들의 생태계일 것이다. 페이스북도 마찬가지다. 그들이 만든 웹서비스에 어떤 혁신적인 기술이 새로 개발된 것은 아니다. 혁신적인 아이디어와 더불어 생태계를 만들어놓고 또 다른 혁신 기업들과 동반성장을 함으로써 짧은 시간에 초고속 성장을 할 수 있었다.

구글은 또 어떤가? 구글은 기업생태계뿐만 아니라 사용자들마저 '오픈 소스 개발'에 참여시키며 생태계의 폭을 넓히고 이런 생태계에 적극 투자하면서 일자리도 창출하고 있다. 그들은 자사에 책상을 늘린 것이 아니다. 실리콘밸리 곳곳에 사무실을 만들고 집에서 일하는 등 사회 곳곳에 일자리를 만들어내고 있다. 이처럼 생태계를 제대로 만들어 투자하고 함께 성장하는 기업일수록 지속가능 경영의 안정적인 토대를 갖추고 있다.

내가 바라본 우리 사회의 투자 부진 원인은 바로 동반성장의 결여다. 이런저런 이유가 있겠지만, 기업생태계를 구축하려는 노력과 생태계를 유지하기 위한 투자에 인색하기 때문이다. 글로벌 무대에서는 기업생태계 간의 경쟁이 이미 시작되었다. 동반성장은 이런 생태계를 만들고 투자한다는 말과 다르지 않다. 그렇게 되면 우리 사회에도 곳곳에서 좋은 일자리가 저절로 생겨날 수 있다. 이만큼 효율적인 일자리 창출이 어디 있겠는가? 그동안 우리 기업들이 하소연하던 인건비 문제는 이렇게 저절로 해소할 수 있다. 그런데 이를 외면하는 것은 그 변명이 궁색해보일 수밖에 없다. 따라서 기업생태계를 구축하는 동반성장이 제대로 된다면 투자가 다시 활성화되고 수출 호조가 내수 호황으로 이어져 우리 경제가 다시 한 번 고도성장을 할 수 있을 것이다.

동반성장은 행복의 열쇠다

프랑스에 가면 '엠마우스'라는 빈민구호 공동체가 있다. 우리나라에도 이와 관련한 단체들이 곳곳에 있다. 엠마우스는 프랑스의 아베 피에르 신부가 만들었다. 상류층의 가정에서 태어난 피에르 신부는 제2차 세계대전을 겪는 동안 레지스탕스가 되어 활동했고 탄압받는 유대인을 구해주는 일을 하면서 약자들을 돌보았다. 전쟁이 끝나고 그는 국회의원이 되었는데, 세비로 받은 돈은 노숙자를 위해 사용했다.

늘 이타적인 자세로 살던 피에르 신부는 어느 날, 자신이 사는 집이 혼자 살기에는 너무 크다는 생각에 집을 무료로 개방하기로 했다. '엠마우스'라는 푯말을 걸고 돈이 부족한 젊은 여행객들을 대상으로 숙소로 쓰라고 한 것이다. 그런데 시간이 갈수록 여행객보다 가정을 잃은 사람, 감옥에서 형기를 마치고 나왔지만 갈 곳이 없는 사람, 그리고 고아와 알코올중독자 등 오갈 데 없는 사람들이 찾아왔다. 그러던 어느 날 살인죄를 짓고 감옥에서 20여 년을 보낸 한 남자가 찾아왔다. 그 역시 다시 돌아갈 곳이 없는 절망만 가득한 사내였다. 아니나 다를까, 그는 그다음 날 아침 자살을 시도했다. 그러나 다행히 미수에 그치고 말았다.

피에르 신부는 자살에 실패한 사내에게 단 한 마디만 했다. 자신의 곁에서 집 짓는 일을 도와달라고 '부탁'한 것이다. 자살에 대해서는 일언반구도 꺼내지 않았다. 그 사내는 피에르 신부의 말을 따랐다. 그 사내는 나중에 그때의 심정을 털어놓았다. 그때 자신에게 훈계를 하거나 돈을 쥐어주면서 집과 직장을 찾아주려 했다면 또다시 자살을 시도했을 것이라고 말이다. 그러나 피에르 신부를 따라다니며 어려운 사람들의 집을 지어주다보니 어느덧 자신도 누군가에게 도움이 될 뿐만 아니라 목수로서 재능도 있음을 알게 되었다고 감사해했다. 그렇게 엠마우스는 세상에서 버림을 받았다고 여긴 사람들이 와서 머물고는 새로운 희망을 찾아가는 곳으로 바뀌었다.

희망은 누군가 대신 가져다주는 것이 아니다. 다만 희망을 찾을 수 있는 '기회'를 줄 수는 있다. 동반성장은 중소기업과 서민들에게 경제적으로 뭔가를 자꾸만 퍼주자는 것이 아니다. 그보다 희망과 꿈을, 도전과 성공을 기대할 기회를 주자는 것이다. 피에르 신부가 사람들에게 돈과 직업을 소개해주기보다 최소한의 보금자리와 희망을 심어준 것은 동반성장이 기대하는 것과 같다. 동반성장은 자립해서 성공을 이루도록 기회를 제공하는 사회적 안전장치이자 약속이다.

동반성장은 행복의 문을 열기 위한 열쇠다. 이 자체가 최종적인 결과물은 아니다. 그래서 동반성장은 더 나은 사회로 가는 방법이자 새로운 패러다임이다. 행복의 문을 여는 열쇠인 새로운 패러다임이 제대로 작동하려면 무엇보다 목표가 뚜렷해야 한다. 그래야만 그 목표를 향해 분명하게 나아갈 수 있기 때문이다. 동반성장의 목표는 상생의 기업생태계를 만들어 이 사회의 생태계를 건강하게 만들자는 것이다. 노력한 만큼 대가를 정당하게 보상받을 수 있는 사회, 모두가 스스로 일어서서 성공을 꿈꿀 수 있는 사회가 동반성장이 목표로 하는 새로운 대한민국의 모습이다.

동반성장은 좋은 일자리를 만든다

동반성장의 목표는 대학 등의 취업 스펙이 없어도 무엇이든 하고 싶은 것을 열심히만 하면 먹고사는 데 지장이 없고 남에게도 꿀릴 것 없는 사회를 만드는 것이다. 대학에 가지 않아도 되고 중소기업에 취직해도 좋다고 생각하는 사회는 중소기업이 지금보다 훨씬 많아지고 튼튼해져야 실현할 수 있다. 대기업 못지않은 월급을 줄 수 있고, 직업의 안정성과 비전도 대기업 못지않은 중소기업이 지금보다 훨씬 많아져야 한다.

지금 우리 사회에서는 공무원이 되거나 의사·변호사 같은 전문직 자격증을 따거나 전체 기업 수의 1퍼센트, 일자리의 12퍼센트밖에 안 되는 대기업에 취직하는 것 말고는 인생을 제대로 설계할 수 없다. 그런데 이 취직자리는 낙타가 바늘구멍에 들어가는 것만큼 더 어렵다. 사람들이 원하는 좋은 일자리는 전체 취업자보다 매우 작은 숫자다. 내가 하고 싶은 것을 하겠다고 용감하게 나섰다간 언제 실업자가 될지 모른다. 더 심각한 것은 모두의 꿈이 공무원인 사회가 되어버렸다는 현실이다.

물론 공무원도 중요한 직업이고 나름대로 성취감을 느낄 수 있는 직종이다. 하지만 모든 사람이 공무원이 되고 싶어하는 이유는 '공무원의 직업적 사명감'과 '공복으로서의 꿈' 때문이 아니라 그저 '안정된 직장'이기 때문이라는 게 문제다. 그만큼 먹고사는 문제가 개인의, 집안의, 사회의 절체절명한 과제가 되어버렸다는 뜻이다.

이런 좁은 문을 통과하기 위해 청소년들은 치열한 경쟁에 허덕이고 있다. 그러다보니 자신을 불행하다고 생각하며 살고 있다. 참으로 안타까운 일이다. 그런 청소년을 키우는 부모들도 불안과 걱정이 끊이지 않는다. 대기업이 모든 것을 독식하는 경제에서는 대기업에 취업하거나 대기업 하청기업에라도 취직해야 안심할 수 있다. 중소기업에 취직해서는 비전도 없고 언제 그만두어야 할지 몰라 불안하다. 중소기업에 취직한다고 하면 사회적으로 인정을 받지 못하고 심지어 결혼조차 하기 어렵다. 꿈은 저만치 멀어져 가고 희미해져 간다. 꿈을 그려야 하는 도화지에는 오로지 스펙 쌓기 서류번호만 가득하다. 이래서야 어찌 미래를 이야기할 수 있겠는가?

정부에서는 '좋은 일자리를 창출'하겠다는 약속을 입버릇처럼 해왔다. 그러나 일자리는 정부가 창출하는 게 아니며 좋은 일자리가 발명하듯 만들어지는 것도 아니다. 간혹 그렇게 되는 예도 있다. 하지만 거기에는 뚜렷한 한계가 있다. 그러니 일자리를 창출한답시고 허황하게 숫자 놀음에 연연할 게 아니라 먼저 지금의 일자리를 돌아보았으면 한다. 예컨대 없는 일자리를 새로 만들어내자는 게 아니라 이미 있는 '나쁜' 일자리를 좋게 만들자는 것이다. 그렇게 하는 것이 훨씬 더 서민들에게 도움이 된다. 듣지도 보지도 못한 '좋은 일자리'를 만들려다 번번이 실패하기보다는 기존에 있는 중소기업의 일자리를 좋게 만드는 것이 훨씬 더 실현 가능한 목표이지 않을까?

나쁜 일자리를 좋은 일자리로 만드는 것은 비정규직 문제도 없앨 수 있는 실마리가 된다. 기업들로서는 환경이 워낙 급변하다보니 유연한 인력 운영이 필요할 수 있다. 이런 것을 무시하고 무작정 정규직으로 전환하라는 것은 또 다른 포퓰리즘이다. 그보다 왜 비정규직이 문제인지를 자세히 따져봐야 한다. 이미 평생직장이라는 개념도 사라졌다. 그리고 직종에 따라 비정규직 운영이 불가피할 수도 있다.

그렇다면 비정규직은 필요에 따라 인정하되 이들이 차별받지 않도록 해야 한다. 기업들은 비정규직이 정규직 채용 전환 기준인 2년 이상 근무하기 전에 해고를 일삼는다. 저임금에 대부분 장시간 노동하는 비정규직의 고용 연장은 기업이 칼자루를 쥐고 있고, 기업은 지금 그 칼자루를 마구 휘두르고 있다. 이래서야 유연한 노동시장 운운하는 게 설득력이 있겠는가? 변명으로밖에 들리지 않는다.

나쁜 일자리를 좋은 일자리로 만드는 일은 기존의 중소기업을 대기업 못지않은 건실한 기업으로 성장시킴으로써 완성할 수 있다. 그런데 전체 일자리의 88퍼센트를 차지하는 중소기업의 일자리가 괜찮은 일자리로 바뀌려면 기업생태계가 건강해지고 다양해져야 한다. 지금처럼 중소기업의 몫을 재벌 대기업이 독차지하는 시스템으로는 좋은 일자리 만들기는 불가능하다. 중소기업의 비정규직 양산도 따지고 보면 정규직 전환이나 고용 안정을 보장할 여력이 없기 때문이다.

동반성장은 이미 있는 중소기업의 일자리를 좋은 일자리, 다시 말해 일한 만큼 정당한 몫이 돌아오는 일자리로 만들자는 것이다. 재벌 대기업이 독차지하는 이익 가운데 중소기업의 정당한 몫이 중소기업으로 흘러들어 가게 하고 그것이 다시 중소기업 근로자에게 흘러가게 하는 것이 동반성장의 중요한 목표 중 하나다. 그렇게 될 때 우리 가정은 안락한 삶을 보장받을 수 있고 사회는 안정될 수 있다. 또 꿈과 희망을 다시 품을 수 있다. 동반성장은 단순한 경제정책이 아니라 개인과 가정의 삶을 보장하는 삶의 철학이 깔린 정책이다.

동반성장은 가계부채를 줄이고 성장 잠재력을 높인다

동반성장의 또 다른 목표는 가계부채를 줄이는 것이다. 빚더미에 깔려 죽는다는 표현이 나올 정도로 빚은 개인의 삶을 피폐하게 만들고, 심지어 범죄나 자살 등 막다른 선택을 하게 만든다. 현재 우리나라 가계의 총부채는 900조 원을 넘었고, 자영업자의 부채까지 합하면 1,000조 원이 훨씬 넘는다고 한다. 이것은 우리나라 가처분소득의 163퍼센트에 해당하는 액수다. 가처분소득은 소득에서 세금을 내고 처분할 수 있는 소득을 의미한다.

가처분소득의 163퍼센트라는 수치가 높은 것인지 낮은 것인지 일률적으로 말하기는 어렵지만 외국보다는 아주 높다. 2008년 빚더미 제국이라 불리던 미국이 금융위기를 맞았을 때 가처분소득의 128퍼센트가 가계 빚이었다. 이 수치와 비교해본다면 163퍼센트라는 수치는 매우 높다고 할 수 있다. 또 이 수치는 경제적으로 어려움을 겪고 있는 남부 유럽보다도 높은 매우 심각한 수준이다.

부채를 줄이려면 기본적으로 소득이 올라가야 한다. 소득이 오르지 않는 상황에서 너도나도 허리띠를 졸라매고 부채 줄이기에 나선다면 기본적인 생계조차 힘들뿐더러 경제 전체적으로도 소비가 감소해 또 하나의 경기위축 요인이 될 것이다. 언론에서 보도하는 과소비는 일부의 이야기다. 지금 당장이라도 시장에 나가 과소비를 이야기하면 다들 "어느 별 이야기예요?"라고 물을 것이다. 분유 살 돈이 없어 아이들을 제대로 양육하지 못한다는 것이 오히려 현실적인 이야기라고 여긴다. 그만큼 이 사회의 가계는 붕괴되어 생명마저도 위태롭게 만들고 있다.

가계소득이 올라가려면 전체 근로자들의 88퍼센트가 일하고 있는 중소기업 부문이 튼튼해져야 한다. 대기업이 엄청난 수익을 올려도 중소기업이 파산의 기로에서 허덕여서는 가계소득이 전반적으로 올라가는 일은 도저히 불가능하다. 누누이 말하지만, 중소기업의 문제는 비단 기업과 경제의 문제만이 아니라 인간의 삶에 관한 문제다. 인간의 삶에 애정을 가지지 못한 사회는 조지 오웰의 『동물농장』과 다를 바 없다. 소수가 지배하고 차별에 순응하며 복종이 미덕인 사회, 개인의 자유와 삶이 무너지는 사회는 공산주의 사회만이 아니다. 천박한 자본주의 사회도 동물농장에서 그려진 비참한 사회와 다를 게 없다.

대기업과 중소기업 사이의 동반성장과 아울러 중소기업 근로자들이 노동의 정당한 몫을 제대로 받고 있는지도 반드시 챙겨야 할 부분이다. 돈이 대기업에서 중소기업으로 흘러들어 가더라도 그것이 중소기업에 머물거나 헛되이 사라지는 등 성장의 거름이 되지 못한다면 결국 돈이 근로자에게 흘러들어 가지 못하게 되니 동반성장의 기대효과는 반감될 수밖에 없다.

한편 경제가 역동성을 다시 회복하려면 대기업과 중소기업, 자영업을 포함해 우리 사회 곳곳에서 정당한 경쟁과 이노베이션을 통해 성장잠재력을 확충할 필요가 있다. 제조업이 고용을 창출하지 못하기 때문에 서비스업을 키워야 한다는 얘기가 나온 지도, '10년 뒤의 먹거리를 찾아야 한다'며 IT, BT, NT 운운한 지도 벌써 10년이 넘었다. 10년이 되어도 효험을 보지 못하는 처방은 잘못된 것임이 틀림없다. 이노베이션과 경쟁이 계속해서 활발하게, 역동적으로 일어난다면 그것이 IT든 NT든 BT든 녹색산업이든 상관없이 경제가 알아서 가장 효율적으로 선택할 수 있을 것이다.

따라서 정부가 꼭 해야 할 일 중 하나는 이노베이션과 경쟁이 위축되지 않도록 도와주는 것이다. 이때의 경쟁은 공정해야 하고 활발한 이노베이션이 다양하게 일어나야 한다. 우리 경제가 조로화早老化, 즉 '겉늙기'의 길을 간 것은 경쟁이 공정하지 못하고 이노베이션이 특정 부문에 한정되는 데 그쳤기 때문이다. 이노베이션이 수출 대기업, 글로벌 다국적 기업들에만 한정되다보니 기업은 좋아져도 국민경제는 나아지지 않는 현상이 지속되고 있다. 그러나 전체 기업의 99퍼센트인 중소기업과 근로자의 88퍼센트인 중소기업 근로자들이 활발하게 창의력을 발휘하기 시작한다면 우리 경제는 희망이 있다.

동반성장은 생산적 복지다

경제 양극화가 심화되자 복지 확대 요구가 이어지고 있다. 이에 눈치 빠른 정치인들은 복지 확대를 정책으로 들고 나왔고, 지금은 여야 할 것 없이 2040세대를 위해 다양한 복지정책을 준비하고 있다고 홍보한다. 그런데 지속적인 성장이 뒤따르지 않는 복지는 자칫 밑 빠진 독에 물 붓기가 되어 오히려 이 사회를 위험에 빠뜨릴 수 있다.

머지않아 우리 재정은 고령화 현상 때문에 지속가능하지 않게 될 것이다. 당분간은 괜찮겠지만, 2018년 고령 사회에 진입하면 우리 재정은 급속하게 악화될 가능성이 높다. 이 문제에 철저히 대비하지 않고 현재 재정이 비교적 괜찮다고 해서 돈 들어가는 복지정책을 자꾸 만들어내는 것은 젊은 세대를 속이는 기만행위다. 젊은 세대를 위해 복지를 늘린다고 말하면서 궁극적인 부담은 그들에게 지우는 결과가 되고 만다.

따라서 갈수록 커지고 있는 복지에 대한 요구를 무분별하게 수용해 재정이 감당하지 못할 정도로 약속을 남발해선 안 된다. 우리 경제의 선순환을 회복시켜 복지수요를 완화하는 것이 우리 경제를 위해서나 사회의 결속과 미래의 재정부담 완화를 위해서 반드시 선행해야 하는 일이다. 즉, 복지 요구를 재정 확대로 받아내려 하기보다는 그 원인이 되는 양극화 치유를 더 중요하게 생각해야 한다.

정치인들이 복지를 얘기할 때 그것은 기본적으로 가지고 있는 것을 나누자는 얘기였다. 결과를 나누어 갖자는 것이다. 그러나 경제 양극화는 '결과의 재분배'로는 근원적으로 해결하기가 어렵다. 그보다는 기회를 균등히 하는 데 초점을 맞추는 것이 더 바람직하다. 앞서 달려가는 그룹이 뒤처진 그룹에게 뜰 기회마저 빼앗은 것은 아닌지 꼼꼼히 살펴보고 작은 것이라도 구체적으로 도움이 되는 대책을 많이 내놓아야 한다. 중소기업 적합업종을 선정하여 대기업에 그런 분야에는 들어오지 말라고 권유하는 것이라든지, 동반성장지수를 산정하여 공표하는 것이라든지, 중소기업의 기술수준을 높이기 위한 여러 가지 노력이 모두 중소기업에 기회를 나누어주자는 것이다.

경제 양극화는 복지가 부족했기 때문이 아니라 경제가 활력을 잃었기 때문에 나타나는 현상이다. 경제가 활력을 잃었으니 복지를 위한 창의적인 대안과 재원이 마련되지 않는다. 사회적 약자를 위한 최소한의 사회적 안전망을 구축하는 복지는 중요하다. 그러나 마치 마

약처럼 잠시 형편을 좋게 하는 것으로는 안 된다. 이는 미래를 망치는 것이다. 복지는 그 누구라도 다시 한 번 기회의 줄을 잡을 수 있도록 재기의 발판을 마련할 때까지 지켜주는 안전망이 되어야 한다. 그렇다면 수시로 기회가 창출되는 사회를 만들어야 한다. 이것이야말로 가장 좋은 복지정책일 것이다.

지금 여야를 막론하고 이런저런 복지정책을 경쟁적으로 약속하고 있다. 하지만 복지를 아무리 확대한다 해도 해답은 나오지 않는다. 대책을 수립하기 전에 문제의 원인을 정확히 짚어야 한다. 내수가 부진하니 내수를 부양하고, 일자리가 부족하니 일자리를 만들고, 청년실업이 줄지 않으니 인턴을 확대하고, 가계부채가 심각하니 대출을 줄이겠다는 식의 대응은 근본적인 해결책이 될 수 없다. 우리 경제의 활력을 가로막는 고질적 패러다임에 거대한 전환이 있어야 문제가 풀린다.

동반성장을 통해 기업 부문, 특히 재벌기업에 묶여 있는 여유자금이 중소기업을 포함한 여타 부문으로 흘러들어 가게 해야 한다. 그것이 문제 해결의 첫걸음이다.

아직도 일각에서는 대기업과 중소기업의 문제를 해결하는 동반성장이라는 방안이 결국 대기업의 이익을 빼앗아서 중소기업에 나누어주는 것 아니냐고 말하는 사람들이 있다. 그러나 동반성장은 성장의 결과를 나누자는 것이 아니다. 다만 성장의 기회를 균등히 하자는 것이다. 기회를 균등히 하고 난 다음부터는 각자의 능력을 최고도로 발휘하게 함으로써 결과적으로 국민 생활이 고르게 향상되도록 하자는 것이다.

물론 대기업들이 중소기업 적합업종에 뛰어들면 대기업은 중소기업보다 더 효율적으로 경영할 수도 있을 것이다. 경제학적으로는 능력 있는 기업, 경쟁력 있는 대기업이 시장을 차지하는 것이 아무런 문제가 될 이유가 없다. 그러나 그렇게 하다가는 현실적으로 중소기업들이 시장에 진입할 기회가 생기지 않는다. 사회적인 측면에서 보면 바람직하지 못한 것이다. 성공의 기회를 제대로 주지 않는 상태에서는 공정한 경쟁이 될 수 없고, 공정하지 못한 경쟁의 결과는 아무도 인정하지 않는다. 그런 사회는 불만으로 가득 찬 사회가 될 뿐이다. 그뿐만 아니라 장기적으로 보았을 때 시장진입 기회가 생기지 않는 것은 경제학적 관점에서도 경제 전체의 후생을 위해 바람직하지 못하다. 이런 시장에서는 경제 전체적으로 바람직한 수준의 결과물이 생산되지 못하기 때문이다.

과거에는 경기가 나빠질 때마다 대통령이 재벌 대기업 총수들을 식사자리에 초대하여 투자를 확대해달라고 부탁했다. 그러나 대기업들이 투자를 늘리지 않는 것도 안타까운 일이지만, 더 심각한 문제는 중소기업에서 중견기업으로, 중견기업에서 대기업으로 성장해나가는 기업이 나타나지 못하는 것이다.

돈줄이 풀려 시장에 돈이 흘러가야 하는 것도 중요하다. 그렇지만 일시적으로 자금을 지원하는 것보다 경쟁력을 갖출 수 있는, 위기에 면역력을 키울 수 있는, 또 한 번 기회와 성공을 꿈꿀 수 있는 생태계를 만드는 근원적인 정책이 필요하다. 기업들이 역동적으로 커나가지 못하는 데는 여러 가지 이유가 있겠지만, 혹시라도 중소기업에 또는 중견기업에 성장할 기회가 돌아가지 않기 때문은 아닐까, 성장할 기회를 대기업이 독차지하고 있기 때문은 아닐까 반성해볼 필요가 있다.

동반성장은 새로운
자본주의의 핵심이다

　　세상이 달라졌다. 사회적 트렌드가 변하고 소비자의 마인드가 변하고 기업들이 번영을 구가하는 방식도 변하고 있다. 우리 사회 곳곳에서 일고 있는 동반성장의 요구와 노력은 우리나라가 경제강국으로 한 걸음 도약하고 한 단계 더 성숙하고 있는 징후라고 보면 된다. 즉, 동반성장은 한국이 한 걸음 더 도약해 성숙한 사회로 나아가는 중요한 바로미터다. 이와 아울러 우리 사회의 심각한 양극화 현상과 그로 인한 갈등, 분열 그리고 정체된 현실을 더는 내버려둘 수 없다는 사명감의 선언이기도 하다.

　　동반성장은 정부의 강력한 의지, 대기업의 선도적 변화, 중소기업의 자조自助가 삼위일체되어야 실현할 수 있다. 그러나 지금껏 정부가 제시한 경제정책은 양극화를 해결하고 고용안정을 증대하는 데 부족하다는 판정을 받은 지 오래다. 동반성장이 기존 정권의 경제철학을 포장하는 구호가 된 것은 아닌지, 과연 동반성장에 대한 진정성은 있는지 국민은 의심하고 있다.

경제 관료들의 문제점도 지적하지 않을 수 없다. 그들 역시 기존의 인식과 시스템의 연장선상에서 문제에 접근해왔고 모든 일을 자신들의 통제로 관리하는 데 급급해보인다. 동반성장위원회는 사회적 변화를 이끌어갈 철학과 정책에 대해 활발히 논의하고, 다양한 활동을 통해 사회적 변화를 고무하는 구심체 역할을 해야 한다. 그러나 시간이 가면 갈수록 관료들의 눈에는 이 위원회가 그저 지식경제부와 중소기업청의 부속기구 또는 산하기관 정도로밖에는 보이지 않는 것은 아닌지 우려스럽기만 하다.

재벌 대기업들의 태도 또한 미온적이고 수동적이다. 협력업체와 관계를 개선해야 한다는 강박관념은 갖고 있으나 어떻게 변화해야 할지는 잘 모르는 것 같다. 그 이유는 아직도 갑을 관계의 타성에 젖어 내부 시스템이 변하지 않기 때문이다. 진정성을 갖고 동반성장 문화를 뿌리 깊이 심고 가꾸기 위한 실질적인 방안을 모색하는 데는 아직 관심을 보이지 않고 있다. 많은 돈을 써가며 행사를 화려하게 하고 여러 가지 약속을 하지만 여전히 자신을 개방하지 않고 있다. 협력사들이 어떤 회사들이고 이들과 어떤 일이 벌어지고 있는지 외부에 알려지기를 꺼린다. 동반성장은 결코 단발성 이벤트가 아니다. 어떤 폭풍우와 장마 그리고 가뭄이 와도 버틸 수 있는 굳건한 나무의 씨앗을 뿌리고 싹을 틔우는 프로젝트다. 그럼에도 동반성장을 이벤트로 여겨 여론몰이만 하는 것은 문제의 심각성을 모를뿐더러 기업의 지속가능한 경영의 뿌리가 무엇인지 제대로 인식하지 못하고 있다는 것을 스스로 고백하는 꼴이다.

이러한 대기업의 소극적 태도는 나이키사의 경우와 아주 대조적이다. 나이키사는 완제품을 생산할 때 발생하는 환경오염을 줄이고 작업환경을 개선하는 일이 자사는 물론 협력업체, 나아가 고객과 지역사회에 유익하다는 결론을 내렸다. 그래서 나이키사는 1, 2, 3차 협력업체 명단을 일반인에게 공개하고, 이들 업체로부터 자사에 이르는 제품 생산 전 과정을 분석해 각 과정의 유해성, 안전성, 효율성을 계량화했다. 그 결과 자사 구성원, 협력업체, 고객과 시민단체가 환경오염과 근무환경 개선상황을 감시할 수 있게 되었다.

동반성장은 지속가능한 사회공동체의 가치다

세계적인 캐주얼 의류업체인 미국의 GAP은 연간 매출액이 우리 돈으로 30조 원이 넘는다. 그런데 2007년 인도의 한 아래도급업체에서 아동의 저임금, 노동력 착취 문제가 NGO 활동으로 발각되는 사건이 있었다. 열 살 남짓한 어린이들이 하루 16시간이나 공장에서 바느질 등의 노동을 하고 있었다. 일부는 임금조차 제대로 받지 못했다고 했다. 이에 전 세계적으로 GAP 상품에 대한 불매운동이 벌어졌다. 한 달 만에 매출액이 25퍼센트 급감했으며 이후로도 감소세는 쉽게 회복되지 않았다.

평소 GAP은 노동력 착취를 막기 위해 90여 명의 직원이 모니터를 하는데도 사건이 발생하자 즉각적인 사과와 함께 GAP의 아동노동 금지 정책을 위반한 하청업자와 거래를 끊고 해당 공장에서 생산된 제품은 팔지 못하도록 조처를 했다. 하지만 GAP의 이러한 노력에도 고객들의 실망감과 분노는 가라앉지 않았다.

이 사건이 우리 기업들에 전하는 메시지는 분명하다. 기업의 사회적 책임과 양심 경영이 이제는 선택 영역이 아니라는 것이다. 고객은 비양심적이고 비도덕적이며 나아가 사회적 책임을 다하지 않는 기업을 언제든 버릴 수 있는 단호함을 가지고 있다. 물론 인도의 아래도급공장에서 벌어진 일로 손해를 입었으니 GAP으로서는 억울한 면도 없지 않을 것이다. 하지만 고객은 협력업체와 본사를 별개가 아닌 하나의 공동체로 바라본다는 사실도 명심해야 한다. 즉, 협력업체는 이미 해당 대기업의 손이고 발이다. '그것은 손이 잘못한 일'이라며 단순히 협력업체를 체벌하는 일로 무마하려 들어서는 안 된다. 이를 위해 대기업부터 협력업체를 하나의 공동체로 받아들이는 인식의 전환이 필요하다. '이것은 우리의 방침이니 무조건 따라!'가 아니라 가치와 비전 공유, 공동체에 맞는 적절한 보상 등으로 진정한 동반성장을 통한 원윈 구조를 구축한다면 굳이 감시와 처벌이라는 채찍을 휘두르지 않아도 함께 한 방향을 바라보며 전진할 수 있을 것이다.

동반성장은 가치와 관계에 대한 인식의 전환에서 출발한다. 협력업체와의 관계 개선을 넘어 더 근본적인 조직관의 변화가 요구된다.

한때 가족 빼고 다 바꾸자는 말이 유행했다. 그런데 이제는 총수들 자신이 바뀌어야 할 시점이 되었다. 총수 스스로 가치지향을 분명히 하고 내부는 물론 외부를 함께 바라보는 넓은 시야를 가져야 한다. 인식의 전환과 결단이 어려운 것이지 방법상 어려움은 대단치 않은 일이다. 마음만 먹으면 대기업의 경영기획부서에서 길지 않은 시간에 각자 실정에 맞는 창의적인 실행계획을 만들어 일정한 규모의 시범사업을 할 수 있을 것이다.

동반성장은 궁극적으로 진정성의 문제다. 누가 강요해서 하는 것도 아니요, 강요한다고 될 일도 아니다. 기업이 스스로 선택하고 자발적으로 추진하는 미래지향적인 성장전략일 따름이다. 다만 이러한 선택의 기준에는 반드시 '사람'이 들어 있어야 한다. 좁게는 자신의 기업을 이끌어왔고 앞으로도 이끌어갈 직원들이 이에 해당할 것이다. 넓게는 협력회사의 직원들까지 포함될 것이다. 그리고 더 넓게는 자신들의 제품을 사줄 고객과 미래의 잠재고객까지 포함된다. 어디까지를 포함할지는 기업의 판단이지만 그 판단에 따라 기업의 미래가 확연하게 달라질 수 있음을 명심해야 한다.

그래서 동반성장은 기업과 경제에만 해당하는 것이 아니라 삶의 철학이자 새로운 사회공동체를 만들기 위한 가치이다. 동반성장을 단순히 돈을 좀 나누자, 이익과 부를 제대로 나누자는 것으로 이해해서는 안 된다. 또 중소기업과 서민만을 위한 시혜적 정책을 추구하는 것으로 오해해서도 안 된다. 동반성장은 대기업을 위한 정책이자 철학이기도 하다. 동반성장이 말하는 나눔의 가치는 곧 상생이고, 상생은 새로운 자본주의의 핵심 철학이지 않은가.

아르투르 쇼펜하우어가 말했다.

"모든 진리는 첫 번째 단계에서는 조롱당하고, 두 번째 단계에서는 심한 반대에 부딪히며, 세 번째 단계에서는 비로소 자명한 것으로 인정받는다."

나는 동반성장이 우리 경제의 역동성을 회복하고 선순환 구조를 회복할 수 있는 확실한 열쇠임에도 조롱받고 심한 반대에 부딪힌 것 역시 결국엔 자명한 것으로 인정받기 위해 거쳐가는 일련의 과정이라 생각한다. 그리고 이제 동반성장은 그 험난했던 과정을 이겨내고 세 번째 단계의 문 앞에 서 있다. 이 문을 여는 힘은 동반성장을 향한 우리 모두의 의지와 열망에서 비롯됨을 잊지 말아야 한다.

에필로그

동반성장, 삶의 철학 그리고 경제민주화

　나는 동반성장위원회에서 대기업과 중소기업 간의 동반성장을 이루기 위해 많은 노력을 기울였다. 그리고 지금은 동반성장연구소를 만들어 우리 사회 곳곳에 동반성장을 뿌리내리기 위한 노력을 이어가고 있다. 작으나마 그 결실들이 영그는 것을 보면서 보람도 느끼지만 아직도 갈 길이 멀다는 안타까움도 느낀다. 하지만 분명한 것은 동반성장은 나 혼자만의 외로운 외침이 아닌 우리 국민 모두의 외침이며, 그 목소리들이 모여 이제 동반성장의 물꼬를 트기 시작했다는 것이다.

　동반성장은 더불어 같이 성장하는 것인 만큼 비단 대기업과 중소기업의 관계에만 해당되는 말이 아니다. 동반성장은 더 넓은 의미로 해석해야 한다. 대·중소기업 간, 빈부 간, 도농 간, 지역 간, 수도권·비수도권 간, 남녀 간, 남북 간, 동북아 국가 간 등 다양한 영역에서 이루어질 수 있고 이루어져야 한다.

하지만 그중에서도 대·중소기업 간 동반성장을 강조하는 것은 가장 절박한 것부터 하나씩 차례로 풀어가자는 의미에서다. 모든 문제를 한꺼번에 다 풀려고 하면 그 영역이 넓어져서 아무것도 하지 못하게 될 염려가 있다. 그래서 일단 가장 가까운 것, 현실적인 것, 절박한 것부터 해결해나가야 한다. 더구나 대기업과 중소기업이 동반성장을 이루면 빈부 간, 도농 간, 수도권·비수도권 간의 문제도 어느 정도는 완화될 것이다. 대기업이 수도권과 주요 도시에 많고, 주요 부자들이 이를 소유하고 있기 때문에 대·중소기업 간 문제를 먼저 완화시키면 다른 문제도 함께 완화될 수 있다.

물론 다른 영역에서 개별적으로 접근할 수도 있다. 또 그렇게 해나가야 한다. 예컨대 남녀 간 동반성장의 경우, 내가 서울대 총장으로 있을 때 서울대 역사상 처음으로 여성 교수를 학생처장, 연구처장으로 모셨다. 그간 여성 학장은 있었지만 처장은 처음이었다. 비록 내가 소속된 조직에서 이루어진 아주 작은 실천에 불과했지만 나는 우리 사회의 더욱 다양한 영역에서 남녀가 동반성장을 이루기를 기대하며, 또 그렇게 되리라 믿는다.

서울대에서 동반성장을 실천한 것 중 또 다른 하나는 2005년 시작한 '지역균형선발제'다. 서울대 신입생을 뽑을 때 전국의 각 고교에서 교장선생님들이 세 명 이내로 학생을 추천하면 그 학생들 안에서 먼저 1,000명 가까이를 뽑고, 나머지는 종래의 방법으로 뽑는 것이었다. 이것은 지역 간 동반성장을 위한 노력이자 실천으로 볼 수 있다.

그전까지는 서울대에 학생을 한 명 이상 입학시킨 고등학교가 700여 학교밖에 안 되었는데, 이 제도를 실시하고 나서는 1,000여 학교나 되었다. 그만큼 다양한 지역, 다양한 고교에서 서울대에 진학할 수 있게 된 것이다. 이것은 지역 간 동반성장 외에 또 다른 의미도 있다. 다양한 지역, 다양한 환경, 다양한 성향의 친구들이 만나 서로 교류하면 간접 경험을 많이 하게 되고, 간접 경험을 많이 하게 되면 자연히 창의성이 생겨난다. 21세기 성장동력이 창의적 핵심역량인 만큼 서울대학교에서 창의성이 더 활발히 꽃필 수 있도록 돕는 것이 당시 총장인 나의 역할이기도 했기에 나는 많은 반대를 무릅쓰고 과감히 내 결정을 밀어붙였다.

남북 간 동반성장은 개성공단이 좋은 예가 될 것이다. 개성공단은 우리 중소기업에 새로운 활력을 불어넣는 기회이자 남북 간의 갈등을 조금이나마 없애고 상생의 실마리를 찾는 사업이다. 동반성장은 국가 간에도 적용된다. 국가 간 동반성장도 어렵게 생각하면 점점 어려워진다. 반면 쉽게 생각하면 아주 쉬운 것부터, 가까운 것부터 할 수 있다.

신 세계 7대 불가사의 중 하나인 만리장성에 우리나라 사람들이 많이 가고, 세계 7대 자연경관 중 하나인 제주도에 중국 사람들이 많이 오면 그것도 하나의 동반성장이다. 물론 한중일 FTA는 한중일 3국의 동반성장의 한 모습이 될 것이다. 그 밖에 우리나라 고유 전통

중 하나인 향약, 두레도 동반성장이며 위기에 빠진 나라를 구하기 위해 전 국민적으로 참여했던 금 모으기 운동도 동반성장을 위한 노력이었다. 경주 최부잣집, 워런 버핏, 빌 게이츠 같은 부자들의 나눔과 기부활동도 모두 동반성장의 일환이다. 동반성장은 이처럼 넓게 해석할 수 있기에 우리 가까이서 아주 작은 것부터 실천해나가면 된다.

한편 요즘 정치권의 뜨거운 이슈인 경제민주화도 동반성장을 실현할 좋은 수단이 될 수 있다. 하지만 경제민주화에 대한 개념 정립부터 올바르게 하지 않으면 자칫 엉뚱한 방향으로 흘러가지 않을까 염려되는 것도 사실이다.

새누리당이 내세우는 경제민주화는 대기업과 중소기업 사이의 지금까지 관계를 그대로 받아들이되, 앞으로는 대기업이 공정거래 규칙을 제대로 지키도록 하겠다는 정도의 의미밖에 없다.

마치 헤비급 선수와 플라이급 선수의 권투시합에서 체급 차이를 문제 삼지 않은 채 반칙 없이 공정하게 경기를 치르도록 하겠다는 식이다. 이는 체급이 다른 두 선수를 링 위에 올려놓고, "한번 해봐, 그 대신 발로 차면 안 돼. 반칙하면 안 돼. 룰을 지켜야 해"라고 말하는 것과 같다. 체급 차이는 고려하지 않으면서 규칙을 제대로 지키도록 한다고 공정한 경기가 될 수 있을까?

반면 민주당이 내세우는 경제민주화는 재벌을 손보자는 것에 불과해 보인다. 즉, 재벌을 개혁하겠다는 의지는 분명한 것 같은데 무엇을 어떻게 하겠다는 구체적인 그림은 보이지 않는다. 우리의 목적은 재벌개혁 자체가 아니라 경제민주화, 더 나아가 동반성장에 있다. 다시 말해 우리의 바람은 잘사는 사람 못살게 만들자가 아닌 모두 함께 잘살게 하자는 것이다.

국민이 기대하는 경제민주화는 재벌의 지배구조를 이리저리 바꾸어야 한다는 차원이 아니다. 재벌들이 중소기업에 부당한 영향력을 행사하지 않도록 막아주고 재벌기업의 1차 협력업체는 물론 2차와 3차 협력업체에 이르기까지 그들에게 정당한 몫을 돌리라는 의미가 아닌가.

이런 의미에서 지금 정치권의 경제민주화 논의는 그 방향을 재검토해야 할 필요가 있다. 동반성장을 뒷받침하는 수단으로서의 경제민주화 논의가 아니라면 서민 생활에, 중소기업 경영에, 그리고 우리 경제의 장기적이고 안정적인 성장 활력 회복에 아무런 도움이 되지 않을 수도 있다.

소리만 요란한 경제민주화 논의보다는 차라리 이익공유제나 중소기업 적합업종 선정이라도 좀 더 구체화·제도화하는 논의가 시급한 시점이다. 정부발주에서 필요물자를 중소기업에게 직접 발주하는 비율을 일정수준 이상으로 정하는 것도 중요하다.

더 나아가 지난 50~60년간의 대기업 위주 경제정책에서 탈피하여 중소기업 위주의 신산업정책을 펼칠 것을 제안한다. 기업이 발전하려면 돈도 필요하지만 무엇보다도 사람이 필요하다. 중소기업에 좋은 인재가 많이 가도록 중소기업으로 갈 학생에게는 학자금 융자를 우선적으로 해주는 한편 다른 여러가지 인센티브도 강구할 필요가 있다. 정부의 연구개발 자금도 지금보다는 훨씬 더 많이 중소기업에 돌려 중소기업의 연구개발을 촉진하고, 무역진흥공사가 대학 및 중소기업과 연계해서 중소기업의 해외진출을 도와주어야 한다. 미국 무역대표부USTR의 상임고문으로 일했던 캘리포니아대학(샌디애고)의 피터 다우이 교수는 중소기업이 살 길은 기술개발과 해외진출 밖에 없다고 했다. 이 말에 귀를 기울일 필요가 있다.

동반성장은 무엇보다 삶의 철학이다. 나는 동반성장 사회는 '더불어 잘 사는 사회' '모두에게 공정한 기회를 주는 사회' '꿈과 도전을 기대할 수 있는 공정한 사회'라는 것을 누누이 강조했다. 이처럼 동반성장은 삶의 철학이자 또한 사회공동체의 운영 원리를 말하는 것이기도 하다. 경제민주화는 동반성장이라는 삶의 철학과 사회공동체의 운영원리가 경제 부문에 반영되는 것이어야 한다.

KI신서 4677
미래를 위한 선택 동반성장

1판 1쇄 발행 2013년 1월 20일
1판 10쇄 발행 2017년 12월 11일

지은이 정운찬
펴낸이 김영곤
펴낸곳 (주)북이십일 21세기북스
편집 백은숙 **디자인 표지** twoes **본문** 노승우
출판마케팅팀 김홍선 최성환 배상현 신혜진 김선영 나은경
출판영업팀 이경희 이은혜 권오권
홍보기획팀 이혜연 최수아 김미임 박혜림 문소라 전효은 백세희 염진아
제작팀 이영민 **제휴팀** 류승은

출판등록 2000년 5월 6일 제406-2003-061호
주소 (우 10881) 경기도 파주시 회동길 201(문발동)
대표전화 031-955-2100 팩스 031-955-2151 이메일 book21@book21.co.kr

(주)북이십일 경계를 허무는 콘텐츠 리더
21세기북스 채널에서 도서 정보와 다양한 영상자료, 이벤트를 만나세요!
장강명, 요조가 진행하는 팟캐스트 말랑한 책수다 '책, 이게 뭐라고'
페이스북 facebook.com/21cbooks   블로그 b.book21.com
인스타그램 instagram.com/21cbooks   홈페이지 www.book21.com

ⓒ 정운찬, 2013

ISBN 978-89-509-4334-9 03320
책값은 뒤표지에 있습니다.

이 책 내용의 일부 또는 전부를 재사용하려면 반드시 (주)북이십일의 동의를 얻어야 합니다.
잘못 만들어진 책은 구입하신 서점에서 교환해 드립니다.